# わたしは「私」を諦めないことにした

## 人生のステージをシフトする生き方

中山ゆう子

青春出版社

# はじめに

この本は生き直しの本です。

私は、湘南で暮らしながら、起業コンサルタントとして、生き方や働き方に悩む30代半ばから50歳前後の方に対して、起業や働き方についての支援をする活動をしています。

でも、12年前までの私は、まったく違う人生を歩んでいました。私は地方のある市役所のいち職員として働いていました。いわゆる公務員です。

ほかの人から見たら、「公務員という安定した暮らしでいいわね」「老後のお金にも苦労しなさそう」なんて思われていたかもしれません。少なくとも、私の親は子どもが安定した仕事につけたことを快く思っていたと思います。

しかし、私は違いました。

**「私の人生、一生このまま?」**

小さい頃、自分は何者かになれると思っていました。
漠然としていたけれど、もっともっと大きな夢を抱えて生きていたように思います。けれど一方で、公務員になった私は、こうも思っていました。
「たしかに、このままの暮らしを続けていれば、きっと困ることはないだろう」
でも、30歳を過ぎたあたりで、私は決めたのです。

**「わたしは「私」を諦めないことにした」**と。

**自分を諦めない人だけが、人生を変えられる**

あなたの人生はどうでしょうか。

何も後悔のない人生を歩めているでしょうか。些細《ささい》な後悔はあっても、大きな後悔はないというのなら、それは素晴らしいことです。

でも、もしもあなたが、

- **私の人生はもうこのままなのだろうか**
- **一生に一度の人生を燃やしきった感じがしない**
- **自分にはもっと何か可能性があるのではないだろうか**
- **もっと自分の人生を咲かせてみたい**

と感じられているのであれば、ぜひこの本を読み進めてください。

「もういまさら……」
「夢を見るような歳じゃないし……」
などと思わないでください。

私が主宰している起業塾、継続講座に来られるのは、30代半ばから50歳前後の方がほとんどです。歩んできた人生もキャリアもバラバラ。

皆、最初は同じように「私なんてもう遅いですか?」などとおっしゃっていました。でも、参加された方の多くが、新しい働き方を見つけたり、独立起業されたり、複業で自分が本当にやりたかった仕事・生き方をされています。

たとえば、

- **中小企業で営業をされていた方が、キャリアアドバイザーに職種転換**
- **子育てとパート歴が長かったごく普通の主婦が、オンライン秘書として起業**
- **会社員をしながら、ブランドプロデューサーとして起業**

など。働き方を変えたいと思った方々の中には、今の仕事を続けながら、新しいスキルを身につけたり、本業と並行しながら本当にやりたかった仕事を始めたりしている方もいらっしゃいます。

皆、「私」を諦めなかった人だけが、遅咲きながら夢を叶えられています。

## 人生のステージを劇的にシフトさせる「レシピ」

「そんなにうまくいくもの？」と思った方もいらっしゃるかもしれません。

もちろん、人生に成功のマニュアルはありませんから、甘いものではありません。

私自身も、公務員を退職し、起業してから鳴かず飛ばずの苦しい時期を、4年近く過ごしました。

貯金も退職金も使い果たし、仕事も住む家もなくなり、夫もいませんでした。そんな、ないないづくしで、あったのは借金だけ。両親に頭を下げて実家に戻らせてもらい、本当に情けない状態で41歳を迎えたのです。

それでも、わたしは「私」を諦めませんでした。


婚活をしながら起業をやり直し、働き方や生き方を見直しました。月30万円ほどの収入が、起業だけで安定し出したのも、その頃でした。ひと月の収入が100万円を超えるようになったのは、43歳を過ぎてからです。

現在では、講座が常に満席で、コンサルも予約3年待ちというありがたい状態になっています。

安定を手放したので苦労を重ねましたが、それでも現在の生き方や、充実した暮らし、働き方を選んで本当に良かったと思います。

ここまで読んでいただき、もしもあなたが「これからの人生で、まだひと花咲かせたい」「もっと違う自分の人生を見つけたい」と思われているのであれば、ぜひ最後までこの本を読んでみてください。

この本では**「自分の人生を最高のステージにシフトさせる方法」**をお伝えしていきます。

成功にマニュアルはありませんが、自分を咲かせる「レシピ」はあります。本書の構成は、このレシピに沿って、ワークを行いながら読み進められるようになっています。

・死ぬ前に後悔しない「自分が本当にしたい」ことを見つけるヒント
・今の生き方・働き方において、いらないものを手放すコツ
・自分を活かす「武器」を見つける方法
・ステージをシフトさせていく方法
・仕事とは別の心地よい暮らしを手に入れる方法

など、私がこれまで自分自身を諦めず、もがき続けて見つけた、経験してわかったことをすべてお伝えしていきます。

本書が、あなたの幸せな未来のステージを創るきっかけになり、そして、あなた自身が大輪の花を咲かせていくきっかけになれたら、心から嬉しく思います。

中山ゆう子

# 目次

## 第2章 「手放す」ことから始めよう
### 自分を自由にするステージシフト

## 第3章 自分を活かす道をつくる

### 自分の武器を見つけるステージシフト

## 第4章　ステージシフトをスルッと叶えるコツ

### 自分を咲かせるステージシフト

## 第5章 心地よい暮らしで人生は咲いていく

暮らし方で変えるステージシフト

本文デザイン・イラスト：二神さやか
DTP　：野中賢（システムタンク）
編集協力：鹿野哲平

第1章

# 何者にもなれていない自分を変える方法

遅咲きスタイルの始め方

# 「もし、今日死ぬとしたら？」

## 9割の人が、人生の最後にする後悔

「もし、今日死ぬとしたら、後悔することは何ですか？」

自分の死に際を想像していただきながら、そんな質問をクライアントさんにすることがあります。

人生における後悔とはどういったものがあるでしょうか。

人生の最後を看取った医師や看護師による言葉が、書籍やインターネットのサイトにまとめられているのを見ると、死に際の後悔は、「あの人に謝ればよかった」「あんなこと言わなければよかった」と、私たちが日々の中で抱くような後悔ではないのだそうです。

最も多い答えが、「もっと自分らしい人生を生きればよかった」というもの。

もちろん、この言い方は人によって様々です。

たとえば、

**・他人の期待に沿う人生ではなく、自分の思い描く人生を歩めばよかった**
**・他人がどう思うか、気にしすぎなければよかった**
**・もっと自分の幸せを追求すればよかった**
**・もっと自分らしく生きればよかった**

様々な言葉で書かれていますが、もうこの一言に尽きるのではないだろうか、と思うのです。

## 「やらなかった後悔」

これが、一番の後悔。

つまり、「チャレンジしておけばよかった」というものです。

私のクライアントさんたちも当然、今日死ぬとは誰も思っていません。

ですから、何かやりたいことがあっても、「明日でいいか」「もう少し状況が変わってから」というように、「先送り」していることがとても多いのです。

ただ、よくよく考えてみると、私たちは、いずれ確実にこの世を去る日を迎えます。それがいつかはわかりませんが、その日は必ず来ます。

そのときになって後悔しても、もう遅いのですよね。


しかし、幸いなことに、私たちにはまだ時間があります。

「その残りの時間をどう使っていくか」は、今この瞬間に選んでいくことができるのです。


**「もし、今日死ぬとしたら？」と想像したとき、あなたなら何を考えますか？**

## すべては自分の選択次第

私も昔、「もし、今日死ぬとしたら？」の問いに向き合わされたことがあります。

私は36歳のとき、16年勤めた市役所を退職しました。退職した理由は、まさに後悔をしたくなかったから、でした。

今から19年前のことです。当時、私は30歳。定年まで勤める気満々で、市役所で公務員をしていました。職場の役に立ちたいという思いでコーチングを学び始めたのです。その中で、この「もし、今日死ぬとしたら後悔することは何ですか？」という問いを投げかけられました。

出てきた答えは、

**・もっとチャレンジしたかった**
**・自分がどこまで通用するか、世の中で試してみたかった**
**・もっとたくさんのお金を稼いでみたかった**

**・自分の才能や能力を役立てて、自分にしかできないことを探してみたかった**
**・一度くらい結婚してみたかった**
**・自分の赤ちゃんを抱いてみたかった**
**・人に喜ばれることを、もっとたくさんしたかった**

という、そのときやっていた仕事（公務員）とはほとんど関係のないことばかり（笑）。関係ないばかりか、「もっと外へ出て、自分を試してみたいと思っているんだ」ということに気づいてしまいました。

とはいえ、当時は「具体的に何をしたいのか」なんてわかりませんでした。それ以前に、「自分に何ができるか」さえもわかっていない状態でした。でも、「とにかく、このままじゃ終われない！」という思いがあることだけは、わかったのです。

私が、自分の本音に気づくキッカケとなった「問い」を、ぜひ皆さんも一度やってみてください。

ワークタイム
1

## 人生を未来から見るワーク

ひとり静かになれる場所に行き、この世を去ろうとしている瞬間を、想像してみてください。ぜひ、ご自分に正直に答えてくださいね。

1　どんな場所でこの世を去ろうとしている？

2　何が見えている？

3　周りには誰がいる？

4　いるとしたら、それは誰？

5　その人たちの表情は？

6　その人たちに何を伝えたい？

7　ほかに、誰にどんなことを伝えたい？

8　今回の人生でやってみたかったことは何？

9　後悔していることは何？

10　やり直せるとしたら、何をしてみたい？

# 「何者かになりたい」それって何者？

## みんななりたい「何者か」の秘密

「このままじゃ終われない」

そんな思いがあることに気づいたのは、私が30歳の頃。それから6年後、36歳のときに市役所を退職します。

「よーし！　これからだ！」そんな意気揚々とした気持ちで、どんな未来にしたいかを考えました。そして、「いつか、海外と日本を、プライベートとビジネスで行き来できるような働き方をしたい」と思い、退職金を資金に、アメリカ・サンディエゴへ留学。その半年後、日本に帰国し、コーチングで起業したのです。

「なぜ、コーチングだったのか」というと、当時の私が唯一持っていた資格で、ただひとつの「できること」だったからです。特に、コーチになりたいとか、コーチングで有名になりたいとは思っていませんでした。

そんな当時の私は、こんなことを思っていました。

「私は私のやり方で、私にしかできない仕事でたくさんの人の役に立って喜ばれるようになりたい。そして、お金を稼いで親孝行もして、寄付もたくさんして世の中にも貢献しながら、私らしく豊かに生きていきたい」

そんな「立派な何者か」になろうとして、結局4年間、闇雲《やみくも》にもがき続けました。

「何者かになろうとしてしまう」

クライアントさんたちと接していても、本当によく目にする光景です。

以前、とあるファッション誌の特集で、こんなアンケートがありました。

「若い頃、大きな夢や『自分は何者かになれる』という思いはありましたか？」

この質問に対し、85％もの人が、「あった」と答えていました。

このことから、かなりの確率で、「何者かになる」、あるいは「なりたかった」と思っている人が多いことがわかります。

この雑誌は、30代の女性をターゲットにしていますが、その中でこの特集が組まれるということからは、何者かになれずに悶々としている30代が多いことがうかがえます。

## 120年以上前からある「自分」を問い直す時期

私のクライアントさんにも、30歳前後あるいは40歳前後で、「自分」というものを改めて問い直すタイミングにある方が、とても多いのです。

私自身もそうだったので不思議に思っていたのですが、実は、120年以上前にその理由が説明されていたのです。

「だいぶ経験を重ねてきたにもかかわらず、何者にもなれていないことに焦り、苛立ち、悶々とする……」

そういった時期のことを、今から約120年前、スイスの精神科医・心理学者ユングが、「人生の正午」という言葉で表しました。

ユングは、人の一生を80年と見立て、それを太陽の動きに当てはめ、次のように説明しました。

**午前は、誕生〜青年期。**
**午後は、中年〜老年期。**

人生80年だとすると、真ん中の「正午」は、ちょうど40歳となります。

今は、「人生100年」なんて言われますが、一生の長さは人それぞれ。だいたい

ユングの「人生の正午」

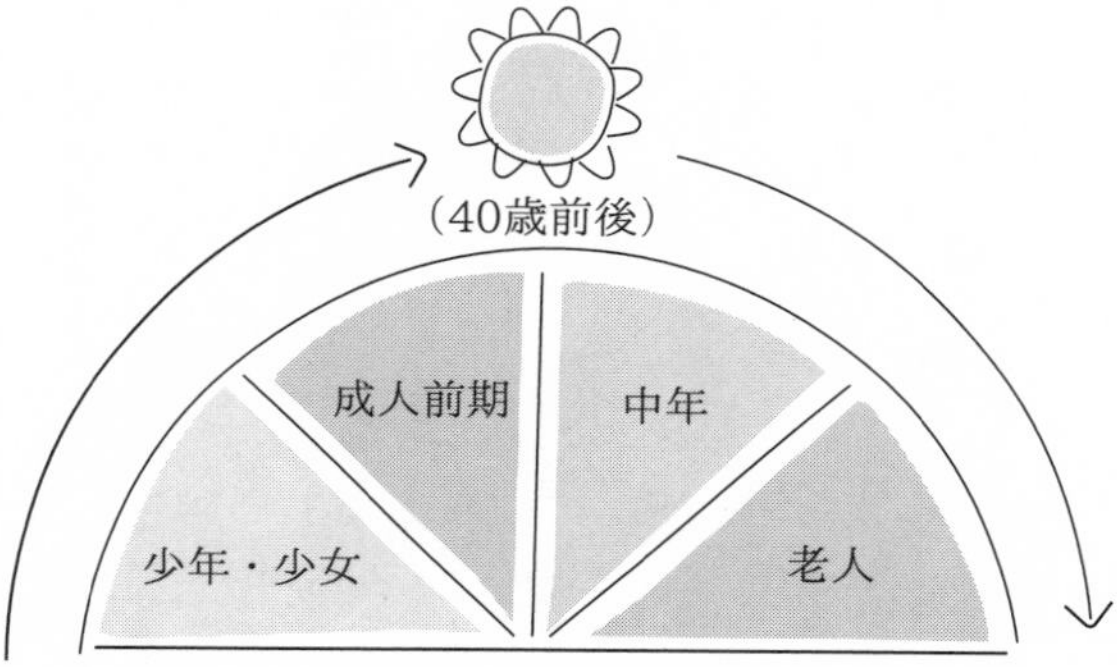


30歳前後から50歳前後が「人生の正午」と思っていただければいいでしょう。

実際、体感としては40歳に近づくと、50歳の自分が頭をよぎったり、結婚をして次の世代である子どもがいる人もいたりして、「人生の折り返し地点」に来ているように感じる人も多いのではないでしょうか。

## 悶々の根っこにあるもの

私の所に来られるのは、まさに、その正午に差し掛かった皆さん。

そんな皆さんは、こんなことを思っておられます。

「いい年齢になるけど、まだ何もできていない（ような気がする）」

「ほかにも何かできる気がするけど、それが何かわからない」

「自分の才能や能力を活かして、もっと人の役に立つ何かをしていきたい」

「もう若くないし、いまさらかな、という気もする。でも、何かしてみたい。とにかく、このままでは終わりたくない」


エネルギーを持て余しながら、「でも、一体どうしたらいいんだろう……」と揺らいでいる方がとっても多くいらっしゃいます。私もまさにそうでした。

この本を読んでいるあなたはどうでしょうか。


実は、この「人生の正午」は「危機の時期」とも言われ、悶々と揺らぐのは当たり前なタイミングなのです。


午前の時間帯をイメージしていただくとわかりやすいと思います。

夜が明け、日が昇り、日が高くなるにつれどんどん光量を増し、過ごしやすく、私たちの脳の動きもカラダもエネルギーに満ち溢れ、疲れ知らずで元気いっぱい。

これは、人間の一生にも重なります。

午前の時期は、誕生から青年期（30代前半頃まで）ですから、遊びや学びを通して様々なものを吸収し、自分の器と可能性をどんどん広げていく時期。

けれど、「正午（30代後半以降）」になると、体力もだんだんとなくなり、経験済みの事柄がただ日々繰り返されているように感じ、「このままでいいのだろうか？」と思い始めます。

そして、これまでの自分を振り返り、「結局、何もできていない……」「何者かになっているはずだったけど……」と、焦り、苛立ち、不安に駆られるのです。

それもそのはず。人生の終わりを意識し始める年代に入るので、焦りや苛立ちも生まれてくるわけです。

でも、実は、「正午」は太陽が一番ピークに達している時間帯です。

だから、「まだやれる。まだ働ける。遊べる、学べる、まだまだいろんなことができる！」そんな思いもあります。

とはいえ、午前と同じようには過ごせないし、過ごしたくない。

なぜなら、午後には午後の担う役割があるからです。その午後の役割は、「午前中に培ったものを統合し、成熟させていく」というもの。

しかし、「一体どうすればそんな午後を過ごせるようになるの？」と悩む人が多い。

これが、悶々の根っこです。

## 何者かになるのは、むしろこれから

特に女性にとって人生の午後は、様々なことが変化していく時期でもあります。

プライベートでは、結婚したり、子どもが生まれたりして、生活環境が変わる人も多いですよね。それに伴い、親など家族の変化も重なります。そして、仕事では、キャリアについても考えることが多いのも、この時期の特徴だったりします。

たとえば、

「子育てが一段落したけれど、ずっと専業主婦だったから、特にコレといったキャリアがない」
「キャリアを優先して結婚せずにここまできたけど、この先もずっとこのまま？」
「輝いているあの人たちに比べて、私は一体何をしてきたんだろう……」

そんなふうに、周りと比べて焦るなどして、「私って一体何者なの？」と揺らぎ、自分自身についてや、これからの生き方・働き方について考え始めます。

のちにレビンソンというアメリカの心理学者が、そんな正午に差し掛かる時期になすべき課題として、次のことを挙げました。

1　**若い時代を振り返り、再評価すること**
2　**それまでの人生で不満が残る部分を修正すること**
3　**新しい可能性を試してみること**
4　**人生の午後に入るにあたり生じてきた問題を見つめること**

この4つを行うことによって、午後の時間が変わってくる、と。
実は、レビンソンが唱えたこの4つの課題は、私が主宰する「ステージシフト」のセミナーや講座でやっていることと重なっていて、正直、ビックリしました。

私は、人生後半の生き方・働き方から、思い通りに人生を咲かせていく方法をお伝えしています。では、私が具体的にどういうことをしているのか、をレビンソンの説になぞらえてご紹介してみますね。

1 **「経験してきたこと」、その中でわかった「苦手なこと」「できること」を棚卸する**
2 **心残りなことを終わらせ、不満や不安、未来に不要なことを潔く手放す**
3 **培った才能や能力を携えて、新しい可能性を試していく**
4 **そして、人生後半の生き方や働き方を見つめて、地に足つけながら、思い通りに自分を咲かせていく**

これを私は、**「遅咲きスタイル」**と名付けています。

「人生の午前」はパッとしなかった、と感じる人もいるかもしれません。けれど、その間に様々な経験を積み重ね、若い頃よりも確実に成長し、自分では気づいていない多くの「できること」を持っています。また、人間としても成熟しています。

つまり、実は「人生の正午」にいる年代だからこそ、自分と人生を咲かせるチャンスが溢れています。**自分を咲かせ、何者かになっていくのは、むしろこれから**なのです。

あとは、そのための方法ときっかけを知って、自分の人生を変えていく決断をするだけです。本書ではこれをお伝えしていきたいと思います。

人生の段階（ステージ）を、自分の意思と選択で、「自分の望むスタイル」にシフトさせていく。そしてその先で、自分らしく咲いていく。

そんな遅咲きスタイルを叶える各ステップをじっくり、ご紹介していきます。

# 何者にもなれない本当の理由

## あなたの「無意識」が、制限をかけている

「自分の能力を活かして、人の役に立っていきたい」
「自分にできることで、世の中に貢献していきたい」
「自分と同じような人の悩みを解決して、その人たちに幸せになってもらいたい」

そう思うのは、人の素晴らしさだと思うのです。
でも、そんな「理想のステージにいる自分」を思い描いたとき、こんな言葉が頭をよぎりませんか？

「そんなの、キレイゴトだ」

「理想」というのは、まだ自分がそこに到達していないステージ。

ですから、今の自分とは当然ギャップがあります。

何の力もない（と思っている）今の自分から見ると、その理想は、キラキラと輝く「キレイゴト」に感じられてしまうかもしれません。

そのため、理想を口にするときは、どうしても、ソワソワと落ち着かない気持ちになったり、モジモジとこそばゆい感覚になったりするのです。

そんなソワソワ・モジモジしている状態は、非常に落ち着かず、居心地が悪いものです。

すると、変化を嫌い、安定を好む私たちの無意識は、「落ち着いていられる状態にしよう！」と働きます。

つまり、「これまでの自分」に戻ろうとするのです。

「これまでと同じ」なら、慣れているので、無意識は安心していられるのです。

そして、

「やっぱり、このままがいいじゃない」
「理想なんてキレイゴトだよ」
「だよね、だよね」

と、自分の中で納得させてしまい、「とりあえず、今は、今まで通りでいいかな」と、現状に引き戻ってしまうのです。

そうやって、理想のステージに行くことを先延ばしにしてしまう、諦めてしまう、理想のステージそのものをなかったものにしてしまう、ということが起こるのです。

これが「何者にもなれない理由その1」です。

## 「できないこと」に目を向け、「できること」をやっていない

もうひとつ、「何者にもなれない理由」があります。

それは、**「できないこと」に目を向け、「できること」をやっていない**というものです。

過去の私がまさにそうでした。

市役所を辞め、アメリカから帰国した私は、38歳で晴れて起業しました。

とは言っても、フリーになったというだけで、ビジネスの仕方を教わったわけでもなく、ブログを書けばお客さまが来てくださるだろう、という甘い考え（苦笑）。

そして、「ああなりたい、こうなりたい」「あんなことをやりたい、こんなことをやりたい」と、憧ればかりを夢想し、当時の私には到底できるはずのないことばかりをやろうとしていました。

ひとりとして集客ができていないのに、10人規模のセミナーを開催しようとしたり、ビジネスの基本があるなど考えもせず、売れている（ように見えていた）人たちの表面的なことばかりに目を向け、真似てみたりしていました。それだけでなく、友人に誘われてビジネスを始めるために、借金までしました。

表面的ないいところばかりをなぞっていただけなので、当然、何をやってもうまくいきません。そして、焦って、さらに空回り。
そうやって4年。市役所を辞めて以降、鳴かず飛ばずの時期を過ごしていたのです。誰にも知られぬまま消えていったブログやホームページも何個あったことか(笑)。

そんなふうに、うまくいかない状態を長く過ごしてしまったので、気づけば退職金も貯金も底をつき、水道・光熱費さえ工面しないといけないような状態。私に残されたのは借金だけ……。

「このままじゃマズイ」

真剣にそう思い始めた頃、のちにメンターとなる方のメルマガに出会いました。
そこには、**「地に足つけて、やるべきことをやる」**ことの大切さが、様々な角度から書かれていました。
実は私、それまでに2回、別々の人から直接言われていたのです。

**「仕事以前に、ちゃんと地に足をつけた日々を送りなさい」**
**「自分のこと以上に大切に思える誰かのことを考えたり、世話を焼いたりする日常を過ごしてみなさい」**

特別な「誰か」になるのではなく、みんなが普通にやっていることを、当たり前にやる。

そして、コトの大きい小さいは関係なく、自分にできることを淡々とやっていきなさい、とにかく地に足つけなさい、と諭されていたのでした。

その頃の私は、すべての時間を自分のためだけに使っていました。

「何でも自分で決められる」という状況は一見すると素敵なことですが、「誰かのために自分の能力を使いたい」とただ思っているだけで、現実的にはそれとは無縁の生活を送っていたのでした。

好きな時間に寝て、好きな時間に起き、食事もしたりしなかったり。そして、自分と同じようにうまくいっていない人たちとつるんでは、夢や希望を語り、「やっている気」になっていただけの、夢見る夢子ちゃんだったのです。

恥ずかしながら、「地に足つけなさい」「やるべきことをやりなさい」と3人から言われてやっと、言っていることとやっていることがちぐはぐで、フワフワしている状態だった、ということに気づいたのです。

それで、42歳の誕生日がもうすぐという頃、耳の痛いことも受け入れ、ちゃんと現実に向き合い、地に足をつけて、どんなに小さなことでも積み重ねる覚悟で、コンサルの門を叩きました。

背水の陣のつもりで、「一度しかない自分の人生を、納得のいくものにつくり変えよう！」と決めたのです。

## 日常8割、理想2割

「あんなふうになりたい」「こんなことをしていきたい」

という理想を掲げるのは、とっても素敵なこと。けれど、そればかりだと、地面から足が浮いていってしまいます。

理想を掲げながらも、私たちが生きるのは「今」しかありません。

そう、つまり、「日常」です。その日常の積み重ねが「未来」。

つまり**「今」という日常に重きを置いていくことがとても大切**なのです。


背水の陣で、「もう一度、起業をやり直そう！」と決めた私は、「自分にできること」を真剣に考えてみました。

でも、考えれば考えるほど、「何もできない自分」を自覚するのです。

そして、周りの人と比べては、「私は一体何をしてきたんだろう」と落ち込む日々。

でも、落ち込んでばかりはいられません。当時は派遣で働いていましたが、その生活をずっと続けるのは、どうしてもイヤだったからです。

せっかくチャレンジしたくて、安定の道だった公務員を手放したのに、と。

自分に何ができるのかはわかりませんでしたが、そのとき決めたことが、2つあります。

ひとつは、「結婚する」ということ。

そしてもうひとつは、「メルマガを毎日書く」ということ。

結婚については、のちほど書きたいと思いますが、メルマガは、書くネタなど何もありませんでした。でも、パソコンに文字を打つことはすぐにできることだったので、とにかく書いてみよう、と思ったのです。

昼間は派遣の仕事をしていたので、始業前、昼休み、帰宅後、そして週末を「書く時間」にあてました。日付を過ぎてしまい、今日は送れなかった……ということもありましたが、毎日書くことは続けました。

そうして半年、1年と経つごとに、最初は19人しかいなかったメルマガ読者さんが、100人、300人と増えていきました。

増えていくごとに、「ゆう子さんの言葉が好きです」「ゆう子さんのメルマガが毎日楽しみです」というメールが届くようになり、サービスにお申し込みくださる方も増えていったのです。

そうやって積み重ねてきた毎日が、今のステージにつながっていることは紛《まぎ》れもない事実で、できることが何もなかったあの頃の自分を、今は愛おしく思います。

地に足ついていなかった頃の私は、そういう地味なことをやっていなかったのです。今すぐにできることに目を向けず、できないことばかりをやろうとしていたんですよね。つまり、理想ばかりを追いかけ、日常を疎《おろそ》かにしていたのです。

日常に目を向ける方法としては、

**・今日一日を、どれだけ本気で過ごしたか？**
**・今日一日の自分をどれだけ鍛え、満たすことができたか？**
**・当たり前の中に、どれだけの幸せを見出し、感謝することができたか？**

を見ていくことです。

その上で、シフトしていきたい理想のステージに想いを馳《は》せ、できることを積み重ねていく。

これが、ステージシフトの最も大切なポイントであり、近道です。

割合的には、日常8割、理想2割。

夢見る夢子ちゃんだった頃の私は、日常1割、理想9割くらいでした（笑）。そんなふうに、日常と理想の割合が逆転すればするほど、地に足つかなくなってきます。

だからといって、日常100、理想0という具合に日常だけになってしまっても、ステージシフトは叶っていきません。

さあ、あなたはどんな割合になっていますか？

# 「私の人生、こんなものなの？」の更新をストップするには？

## 「いつか」と「そのうち」は、死んでも来ない

あなたがステージシフトしていく方法をお伝えする前に、まず、押さえておきたいことがあります。

それは「先送りマインド」を修正していく、ということ。

これは誰もが持っているマインドで、誰でも一度くらいは経験があると思います。

- **もっとお金に余裕ができたら〜**
- **もう少し、子どもが大きくなってから〜**

**・もうちょっと準備が整ったら〜**
**・会社の仕事が一段落ついたら〜**
**・タイミングが合えば〜**
**・来年くらいには〜**
**・痩せたら〜**

このように、あれこれ理由をつけて、「いつか」「そのうち」と先送りしてきたことがあるのではないでしょうか。

前にお話しした通り、私たちの無意識は、「居心地よい環境」を好みます。「新しいステージに進む」ということは、「変化する」ということ。無意識にとって、変化は不安なもの。無意識は現状維持を好み、変化を嫌うのです。

だからこそ「まだいいか」「もうちょっとしたら……」と、変化を先送りしたくなるのです。

私も、先送りしていたことがありました。

それが結婚です。

「そのうち」「その気になったら」「いい人がいたら」というのが、昔の私の常套句。気づけば40歳をとっくに過ぎていました。

本当に一度は結婚をしたいと思っていましたが、常に「いつかは」でした。でも、その「いつか」は、いつまで経っても来ることはありませんでした。そのことに気づいたとき、こんなことを思ったのです。

「このままじゃ、死ぬとき後悔するだろうな……」

「きっと、『来世は、絶対に結婚しよう！』と思うだろうな」

そのとき40歳を過ぎていたとはいえ、この世を去るまでには、まだ時間がありました。なのに「来世って」と、自分で思ったんですよね。そこまで先送りしようとしていたのか、と半ば呆れました（笑）。

このように、**先送りには「期限」がない**のです。

なぜなら、無意識がただ安心したいだけだから。変化しないための先送りなので、「いつか」と「そのうち」がいつだろうと、今が続けばいい無意識にとっては関係のないことなのです。

だから、「いつか」「そのうち」と言っている限り、新しいステージに行くことは永遠にできないのです。

## 期限を公言すると、時が近づいてくる

さて、あなたには、どのくらいの「いつか」や「そのうち」があるでしょうか。

それを、どうしていきたいですか？

「そのままでいいや」と思うのでしたら、どうぞそのままで。

「いやいや、できるのなら、なんとかしていきたいですよ」と思うのでしたら、ひとまず、先送りしていることに「期限」を設けていきましょう。

その期限は、可能な限り「数字」で表していきます。

たとえば次のように。

・もっとお金に余裕ができたら　**↓それはいくら？　いつまでにその金額にする？**
・もう少し子どもが大きくなったら**↓それは何歳？**
・もうちょっと準備が整ったら　**↓具体的にはどんな準備？　いつまでに整える？**
・会社の仕事が一段落ついたら　**↓一段落とは具体的には？　それはいつ？**
・タイミングが合えば　**↓どんな状況になればタイミングが合ったといえる？　そうなるのはいつ頃？**
・来年くらいには　**↓来年の何月？**
・痩せたら　**↓それは何キロになったら？**

私は、42歳の誕生日を迎える月（7月）から、（ネットで）婚活を始めました。出会いがない中で「いい人がいない」と言っていても仕方がない、と思ったのです。だったら、出会える場に足を運ぼう、と。

期限は「半年」と決めました。

年末までにちょうど半年あり、キリが良かったからです。

とはいえ、実際に男性と会っていかなければ話にならない。ですから、プロフィールをつくり、活動エリアを定め、自分からお気に入り登録したり、「いいね！」したり、メッセージも送りました。アプローチしてくださった人にも返事をしながら、何人かの人と会っていきました。

結果、その中で知り合った現在の夫との結婚が決まり、予定通り半年で婚活を卒業。そして、今に至ります。

期限は、「とりあえず」でいいのです。

状況が日々変わっていく中、思い通りにいくときばかりではありませんし、途中で気が変わることもありますから。でも、一度決めることで、「いつか」「そのうち」を、ぐん！と引き寄せることができます。

あなたの「いつか」と「そのうち」にも、ぜひ期限を設けてみてください。

## 人に宣言すると、無意識があなたに味方する

そして、期限をもっと現実的にしていくためのいい方法があります。

それは、「人に宣言する」ことです。

そうすることで、先延ばしをやめる効力はより発揮されます。

なぜなら、人に言うと、こう思いませんか?

「言っちゃったからなあ」

そう。なんだかんだ真面目な（笑）あなたは、律儀に約束を守ろうとするのです。


また、人に宣言すると、強力なものを味方につけることができます。

それは、「人の無意識」です。

人の意識には、「意識（顕在意識）」と「無意識（潜在意識）」があります。意識はわずか5％、残りの95％は無意識が占めていると言われています。

「意識」は、自分でも自覚している意識のことで、自分でコントロールすることがで

きます。

一方で「無意識」は、自分で自覚していない意識のこと。見たもの、聞いたもの、知ったこと、感じたことが蓄積されている領域とも言われます。

自分でコントロールすることはできません。しかし、夢や、ひらめき、直観といった形で、力を発揮します。

「いついつまでに、私はこうするよ」「いついつまでに、私はこうなるよ」と公言すると、その無意識を味方につけることができる、というわけです。

これは、かなり強力です。

人に言ったことは、ほかならぬ自分自身が聞いているのですよね。

つまり、自分の「無意識」に対して、宣言することができるのです。

「いついつまでに、私はこうするよ」「いついつまでに、私はこうなるよ」と。

そんなふうに人に言うことで、自分の無意識に宣言することができますが、それと同時に、その宣言を聞いた人の無意識の中でも、同じことが起こります。

そうやって、より多くの人の無意識の中に同じイメージが存在することで、あなたの想いは、より現実化しやすくなっていきます。

## 理想のステージにいる自分を意識する

私たちは、何歳になろうと、どんなタイミングであろうと、思い通りに咲いていくことができます。

けれど、そのことを信じられなかったり、忘れてしまうことがあります。

なぜかというと、どんな理想を思い描いたとしても、私たちが過ごすのは、昨日となんら変わらない「日常」だからです。

その日常の中には、うまくいかないことも数多くありますし、何もできない自分に落ち込むこともあるでしょう。私も、よくあります。

でも、そんなときこそ、意識するようにしています。

思い描いている「理想のステージにいる自分」を。

もしかしたら、理想を抱いていることや、理想のステージを意識していることを、周りに知られたくない、と思う人も多いかもしれません。理由は、先ほど書いた通り、「そんなの、キレイゴトかな?」と思ってしまうから。

だから、なんとなく気恥ずかしさを感じてしまうこともあるでしょう。

夢や希望を語り合う仲間が周りにいないのだとしたら、なおさらです。私たちは「みんな一緒」に安心しますからね。私も、公務員時代は、理想を口にすることに恥ずかしさを感じ、あまり人に言えませんでした。

しかし、周りにそんなことを言っている人がいないのだとしても、流される必要はありませんし、長いものに巻かれる必要もないのです。

それに、そもそも、理想のステージにいる自分は、周りに流されることはないだろうな、と思いませんか?

そう。理想のステージにいる自分を意識した瞬間に、あなたは理想の自分になっていくのです。そのあなたが、今のあなたを引っ張り上げてくれるのです。

なぜなら、理想のステージにいる自分として、思考し、行動するようになっていくからです。

すると、「私の人生、こんなものなの？」と思うことも少なくなり、いつの間にか、勝手に理想に近づいていています。

ぜひ、この瞬間から意識してくださいね！

そして、迷ったり、言い訳しそうになったりしたら、こう考えるのです。

「あのステージにいる私なら、どうするだろう？」

# 目的地をセットしよう！

## ハワイに行ける本当の理由

「なぜ、ハワイに行けるのだと思う？」

そう聞くと、皆さん、こうおっしゃいます。

「お金があるから」

「時間のゆとりがあるから」

そうですね。それも、そう。でも、実は違うんです。

ハワイに行ける本当の理由。

それは、「目的地をハワイにしたから！」です。

お金がある、時間がある、だからハワイに行ける、というわけではないのです。

実際に、お金があっても、時間があっても、どこにも行かない人もいますし、お金や時間があったら、ヨーロッパでもドバイでも、どこにでも行くことができます。

では、「なぜ、ハワイに行けるか？」と言ったら、ハワイに行くと決め、ハワイ行きの飛行機や現地ホテルの予約をし、飛行機の時間に合わせて空港に行き、その飛行機に乗るから、なんですよね。

そんなの当たり前じゃん、と思う方も多いと思います。そう、旅行では当たり前のこと。でも、その当たり前を、人生の中でしていない人が、なんと多いことか。

私たちの人生は、よく、「旅」にたとえられますよね。

確かに、人生はこの世で一番長い旅だと思います。しかも、アテのない旅。答えのない旅。

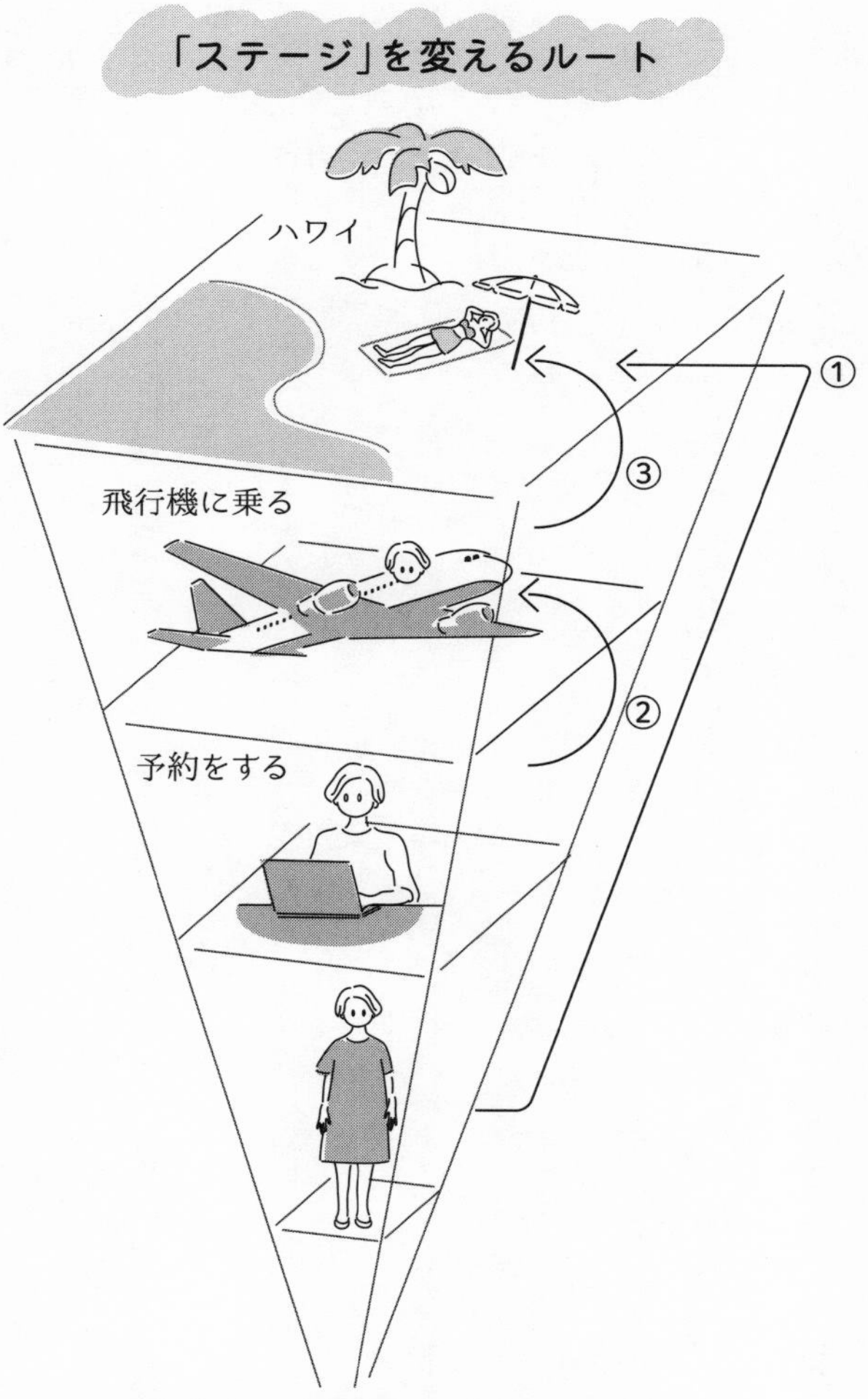


目的（ゴール）を決めるからこそ、
そこにたどり着く手段・方法が見つかる。

学校では勉強や、勉強の答えを教えてくれます。しかし社会人になると、全部を自分で考え決めていかないといけません。しかし、「なんとなく」で流されていること、ありませんか。

学校を卒業したらみんな就職するから、「そんなもんでしょ」と思いながら就職活動して、会社に入る。

みんな結婚するから、なんとなく「自分も結婚しなくちゃ」という気持ちでいるし、出産したら否応なく子育てしなくてはいけません。

自分で考え、決めているようで、実はそんなふうに、別に深く考えていないし、決断しているわけではない、ということもとても多いのです。

周りの人や、そのときの状況に流され、行き当たりばったりの出たとこ勝負。目的地が定まらぬまま、流浪の旅人になっている。

そんな人はたくさんいらっしゃいます。

それで幸せなら、別にいいのです。

でも、この本をお手に取られているあなたは、きっと、「自分にも何かできるのでは？」と、心のどこかで思っていたり、「このままは嫌だな……」と思っているのではないでしょうか？

そんな方は、まず、「何をしたいのか？」や、「どうなったらいいのか？」という「目的地をセット」しましょう。ハワイに行くときのように。

ワークタイム

2

## 理想のステージ（目的地）をセットするワーク

ポイントは「どんな自分にでもなれるとしたら？」と考えることです。誰の顔色もうかがわず、好きなように、好きなだけ妄想してくださいね！このワークがうまくいっているかどうかのサインは、「ムフムフできるかどうか」です。

1　どんな自分でいたいですか？

2　どんな仕事をしてみたいですか？

3　こうだったらいいのに……と思う働き方や収入は？

4　「こういうの素敵だな！」と思う暮らしは？（場所、住まい、人間関係）

## 気にするべきは「人の顔色」ではなく「自分の顔」

目的地をセットするとき、気をつけなければいけないことがあります。

それは、

### 「人の目・周りの目を気にしない」

ことです。

なぜなら、気をつけないと、「こうしておけば、周りが納得するだろう」というものを選んでしまいがちだからです。

私がそうでした。私は、公務員を辞めると決めるのに3年かかりました。辞めたあとの生活に不安があることも理由のひとつでしたが、一番大きな理由は、「周り（特に親）に何を言われるかわからないから」でした。

公務員でい続ければ、少なくとも穏便でしたからね。自分以外の全員が、納得していますから。だから、辞めたくとも辞められなかったのです。

そんなふうに、周りの顔色をうかがい、自分の本音・本心を隠してしまうことは誰にでもあることだと思います。

でも、自分の人生の代わりができる人は、ひとりもいないのです。自分がどうなろうと、誰かが途中から引き継いでくれるわけではないし、誰のせいにすることもできません。

だから、人の顔色を気にしている場合じゃないのです。

一番気にしなければいけないのは、「自分の顔」です。

周りが納得するように、あるいは、「みんなこうしているから」と周りに流されて過ごすことで、**数年後の自分の顔はどうなっているだろう**、と考えてみてください。

一番思いを馳せなければいけないのは、そこなのです。

私も、「40歳を過ぎたら、自分の顔に責任を持たないとね」と言われたことがあります。若かった頃は、お肌にも張りがあり、存在自体がキラキラしているので、いくらでも誤魔化しが利きます（笑）。

しかし、「日々何を考え、何を思い、過ごしているか」が、長い年月をかけて顔に刻まれていきます。

どんなに綺麗にしていても、意地悪なことばかり考えていたら、意地悪そうな顔つきになるし、不安や不信感に満ちていたら、不安そうで疑い深い顔つきになっていきます。

年齢を重ねれば重ねるほど、生き方が顔に出てくるのです。

どんな顔つきになったとしても、その顔をつけるのは自分。

誰だって、「いい顔をした自分」になりたいはずです。そのためには、「本当は何を望んでいるのか？」を知ることが、とても重要なのです。

## 目的地が決まったら、行動を逆算しよう

旅行するとき、「どこに行きたいか？」と、目的地から考えていきますよね。

日本の会社員は忙しいので、休みのタイミングや、休める日数に合う場所を選ぶこともありますが、いずれにしても、「いつ」「どこへ」から決めていきます。

実は、ビジネスもそうです。

たとえば、「1年で1000万円を稼ごう！」と思ったとします。けれど、そこまでの道筋を何も描かず日々ぼ～っとしていたら、1000万円なんて稼げるわけがありません。

ですから、こういう順番で考えていきます。

1 **今期の目標を1000万円と決める**

2 **それを達成するための「小さな目標」を定める**

3 **できることを考える**

4 **ひとつずつやっていく（行動する）**

これはお金に限ったことではありません。

「今年は出版を目指そう！」といったことでもいいのです。

そんなふうに、「どのステージに行きたいのか？」「どんなステージに立ちたいのか？」という目的地を決めることが、とても大事です。

私たちの暮らしや働き方も、それとまったく同じなのです。

ビジネスの例を人生に当てはめると、こんなふうになります。

1 **大きな目的地（立ちたいステージ）を、できるだけ詳細にイメージする**

2 **そこにたどり着くための小さなステージをイメージする**

3 **できることを考える**

4 **ひとつずつやっていく（行動する）**

そんなふうに、目的地から逆算して行動していくのです。

もしかしたら、目標とか行動なんて言うと、一気にやる気をなくす人もいるかもしれませんね（笑）。

でも、大丈夫。実際、私もあまり好きではありませんが、「本当の望み」を目的地にするので、「そこに向かうことが楽しくて仕方ない！」という状態になるのです。

そして、この本を最後までご覧になると、自分の本当の目的地が見つかり、そこから逆算した行動が自然とできるようになっています。具体的にやることもステップ・バイ・ステップでご紹介していますので、続きを楽しみに読み進めてくださいね！

さあ、あなたのステージシフトを、始めていきましょう！

# 未来がうまくイメージできないあなたへ

## 「自分の未来のステージ」を見つけるヒント

これまで、「この世を去る（死ぬ）ときのこと」と、「目的地（理想のステージ）」、この2つの「未来」をイメージする、というお話をしてきました。

でも、「うまくイメージできなかった」「何も浮かばなかった」という人もいらっしゃると思います。

最初にお伝えしたいことは、そんな自分を責めないでくださいね、ということ。なぜかというと、イメージできないことには、ちゃんと理由があるからです。

その理由とは、この2つです。

1　理想のサンプルが足りていない
2　そもそも忙しすぎる

では、ひとつずつご説明していきます。

## ステージが変わらない人は、理想のサンプルが足りていない

こんな話を聞いたことはありませんか？

「自分の収入は、親しく付き合っている5人の平均収入と同じ。だから収入を上げたければ、付き合う人を変えるのがいい」

これはアメリカの起業家ジム・ローンが言ったとされる「5人の法則」というものです。自分が身を置いている環境や、普段見聞きしていることが、あなた自身をつ

くっています。その今の自分のままで、理想のステージや、そこに立っている自分をイメージするわけですから、ギャップがありすぎて、そもそも難しいわけです。

だから、未来にワープできるような理想のサンプルが必要なのです。

「こんなふうになりたい！」

「いいかも！」

と思えるような心が動く理想のサンプルを集めましょう。


たとえば、ファッション誌を見るのもすごく効果的です。すると、「このモデルさん、スタイルが良くていいな〜」と思ったりしますよね。それでいいのです。

64ページのワークでお伝えした「理想のステージ（目的地）をセットするワーク」のポイントを覚えていますか？

「どんな自分にでもなれるとしたら？」と考えること、とお伝えしました。ですから、「そんなスタイルになるのは、私には無理」だなんて思わなくてもいいのです。

「抜群のスタイルで、どんな洋服を身にまとっていきたい？」

そんなことからイメージしていくのです。

私は、正直、洋服にはあまり関心がないので、こんなことをよくイメージしていました。

「私なら、どんな場所で、どんなふうに写真を撮ってもらおうか？」

今、まるでモデルさんのように写真を撮影してもらう機会を、年に何度かいただいています。そう、イメージしたことは、現実になっていくのです。

雑誌以外にも、身近なサンプル収集先として、SNS、本、YouTube、テレビなどなんでもあります。ですから、心動く理想のサンプルをたくさん集め、たくさんイメージしてくださいね。

「なんかいいかも！」が見つかったら、ぜひその理由を考えてみてください。

そうすると、「これから先は、こんなふうにしていきたい！」というイメージが、どんどん湧いてくるようになります。

## ステージシフトできない人の2つの共通点

「ステージシフトしたいのに、なかなかシフトしていけない……」

そんな人には、ある共通点があります。

それは「忙しすぎる」ということ。

この「忙しすぎる」には、２つの種類があります。

ひとつは、**「時間がない」**というもの。

仕事に、家事に、子育てに、子どもの学校行事に、付き合いに……と、やらなければいけないことが多く、一日、一ヶ月があっという間に終わっちゃった、ということもよくあります。忙しすぎて、未来のことなんてゆっくり考える「時間がない」という場合です。

もうひとつは、**「考える容量が残っていない」**というもの。

答えの出ないことをグルグルと考えていたり、さっさと済ませればいいのに、いつまでも後回しにしていることがあったりしますよね。

そうすると、脳は、「あれをやらなきゃ、これをやらなきゃ」と、ずっと記憶しておかないといけなくなり、「脳のメモリ」をその間喰われている状態になっています。

認知心理学では、この「脳のメモリ」のことを「ワーキングメモリ」と呼んでいます。脳は、一定時間覚えていられる容量や自由に思考できる容量が決まっているのです。

たとえば、携帯電話やパソコン。新品のときはストレスなく、サクサク快適に動いていたのに、段々と動きが鈍くなっていきますよね。なぜかと言うと、ダウンロードしたアプリやソフトや撮影した写真で、容量を使ってしまっているからなのです。

私たちの脳も、これと同じことが起きています。答えの出ないことをいつまでもグルグルと考えていたり、後回しにしたりしていることが多いと、それだけで脳の容量がパンパンになり、動きが鈍くなってきます。すると、未来を考えたり、イメージしたりする容量が残っていない状態になってしまうのです。

この「時間がない問題」と「考える容量がない問題」は、女性には特に多いパターンです。

未来がうまくイメージできないという方は、この２つの問題をクリアする必要があります。

そのために大事なのが**「手放す」**ことです。

考えても仕方のない不安や心配事を、どんどん手放すこと。そして、同時に「忙しすぎる」という状況から抜け出していく必要があるのです。

そうすることで、理想のステージを描きやすくなり、新しいゴールを見つけられるようになります。

次章からは、ステージシフトのための「手放す」コツをお伝えしていきます。

第2章

# 「手放す」ことから始めよう

## 自分を自由にするステージシフト

# 「大切なこと」を大切にするために

## 「これをする」よりも、「これはしない」を決める

「何かをしたい」と思ったとき、私たちはつい「詰め込みすぎ」てしまいがちです。しかし、私たちは、ただでさえも忙しい年代。タスクに追われながら日々を過ごすことで、「あれ？　私がやりたいことは何だっけ？」と、やりたかったはずのことや、向かいたい道のことを忘れてしまうこともあります。

そうならないためにも、とても大切なことがあります。それは、

**「やらないこと」を決めること。**

つまり、何かをしたいと思ったとき、「何をするか」も大切ですが、それ以上に、「何をしないか」が大切だということ。

今の世の中、情報も物も溢れ、学びの場もたくさん用意されています。その中で、私たちは常に、「何を選び取るか」のセンスが問われています。

ですが、自分にとって必要なものを瞬時に選び取れるのは、日頃、「自分の大切なものやコト」がわかっている人だけ。

我慢してやっていることや、「必要なくなったもの」「不快なこと」などをたくさん手にしていると、「自分にとって何が大切なのか？」がわからなくなってしまいます。

そして、いざ「やりたいこと」のチャンスが来ても、掴み損ねてしまうのです。

だからこそ、自分の感覚や感情を、普段から研ぎ澄ませておく必要があります。

そのために、やるべきは「これはしない」を決めておくこと。

心地よく、軽やかに理想のステージにシフトしていくために、ぜひ、「やらないこと」を決めてください。

次のページから、具体例をたくさんご紹介していきます。

# 「頑張りすぎ」を手放そう

## 「ひとりで頑張る」をやっている限り、次のステージには行けない

「頑張っている人が本当に多い」

多くの大人の女性と関わらせていただく中で、まず思うのが「これ」です。

まず、頑張りすぎて、人に素直に甘えられない人がとっても多いです。相手に気を使いすぎて、人に頼ることができない、人にお願いすることができない、だから自分で頑張ってしまう。

私自身も、責任感が強めで、人に頼ることができず、ひとりで頑張ってしまうタイ

プです。さらに、ヘンに器用貧乏なので、仕事もある程度のことはそつなくできてしまいます。すると「人に頼むより、自分でやったほうが早いわ！」となり、結果、全部をひとりで丸抱えするハメに……。

独立起業してからも、ずっとひとりで仕事をしてきました。

でも、次第に、「このままだと、頭打ちだな……」と思うようになったのです。

時間はすべての人に平等に24時間しかありません。仕事の全部をひとりでやるには、限界があります。また、私は主婦もしていますから、仕事だけしていればいいわけではありません。

「頑張ればできる。今まで通りやればいいんだもの。でも、これ以上にはならない」

そんなことを、ヒシヒシと感じるようになりました。

そこで、思い切って、仕事を人にお願いすることにしました。

しかし、長年にわたり染みついた、ひとりで頑張るクセ。それを手放すのは、思いのほか勇気と気力が必要でした。

最初は「こうして欲しい」と要望を伝えたり、やり方を教えたりする必要があります。この手間を惜しみ、ひとりで頑張ってきてしまっていたのです。

そこで、「手間をかけることは、必要なステップなんだ」と自分に言い聞かせ、少しずつ、人にお願いするものを増やしていきました。

実際にそれを始めてみると、あることに気づきました。

「皆さん、ビックリするほどよくやってくれる」ということに。

しかも、私がやるよりよほど早かったり、クオリティが高かったりしました。

「なんだ、私、自分の力を過信していたわ……」と気づいてしまったのです（笑）。

人に任せることで、自分の仕事が圧倒的にラクになり、使える時間も一気に増えていきました。

すると、「もっとこうしたらどうだろう？」「こんなことをしたら、皆が喜ぶかも？」と、お客さまが喜びそうなことや、新しいことを考える時間が増えていきました。**まさに未来のことを考えるための、脳の容量が増えていった**のです。

もともと、新しいことを考えたり、やったりすることが好きなので、以前にも増して、仕事が楽しくなっていきました。それに応ずるかのように、収入も増えていきました。

増えた収入で、また人に仕事をお願いすることができます。

すると、その人の収入も上がって嬉しい。

そんな、いい循環を起こしていくことが、自分のステージを変えていくために大切なステップなのです。自分で抱え込まず、どんどん周りに任せてみるようにしてみてください。

## 「苦手の克服」ではなく、「自分の得意」を活かそう

私がまだ子どもだった頃は、「苦手をどう克服しようか?」が教育の中心だったように思います。思い返すと、黒板の上に貼ってある標語が、「苦手の克服」だったこともあります(笑)。

その苦手の克服を散々やってきてわかったことがあります。

それは、**「苦手が得意になることは、ほとんどない」**ということです。

たしかに、頑張ればソコソコできるようになることもあります。けれど、得意になることもないし、好きになることもほとんどありません（笑）。

自分が苦手としていることを、最初から好きだったり、得意だったりする人にはどうやっても追いつけないのです。

一方、得意なことは、苦手の何倍もラクに早くできます。

だから、**苦手の克服は潔く諦める。そして、得意をトコトン極める。**

そのほうが、仕事になり、お金になっていくのです。しかも、苦もなく、楽しく！

事務が得意な方は、起業家の事務アシスタントや、オンライン秘書として活躍することもできます。起業している人の中には、新しいアイディアを出すのは得意だけれど、事務的なことが苦手だったり、忙しくて事務仕事に手が回らないとおっしゃる方がとても多いのです。

だからこそ今、私は、ステージを変えたい、もっとイキイキした自分になりたいと思うクライアントさんたちに、「得意を伸ばすこと」をお伝えしています。

「自分に合う仕事や、やりたい、と思う仕事をやるようにしてください」と。

「苦手だな……」と思うことは、最初からやらなくていいのです。

なぜなら、それをし続ける限り、自分を活かすことはできないから。

一日は24時間しかありません。ラクに早くできることをたくさんやったほうが、たくさんの成果を生み出していくことができます。そして、たくさん人の役に立ち、たくさん人を喜ばせる道につながっていきます。

つまり、自分を活かす道に、早くつながっていくのです。

ワークタイム
3

## 苦手なことを手放すワーク

1　あなたが､「今すぐ手放したい！」とか､「人にお願いできたら最高！」と思うものは何ですか？

2　それが得意そうな人は、どんな人物ですか？
　今は周りにそういう人がいなくても大丈夫。「こんな人にお願いしたい」と思う人を、具体的に思い描いてみましょう。

# 「苦手な人間関係」を手放そう

## 「エネルギーヴァンパイア」に要注意

人と会って帰ってくると、「なんか元気になれた！」というときと、「なんか、疲れたなあ」というときがありませんか？

前者が会っていたのは、エネルギーを与えてくれる人。

後者が会っていたのは、エネルギーを奪う人。

もちろん、そのときの相手の状況や、自分の状態もあります。でも、基本的に、エネルギーを奪う人というのは、いつも奪う人なのです。

こういう人を、**「エネルギーヴァンパイア」**と言います。

「もしかしたら、自分自身がエネルギーヴァンパイアになっていないか？」ということは気をつけないといけませんが（笑）、皆さん、案外知らないうちエネルギーヴァンパイアと会ってしまっていたりするのです。

「誘われたから」「仕事だから」「時間があったから」「聞きたいことがあったから」と。そして、帰宅して、「なんか、今日は疲れたな」と、お風呂でため息をつく。

エネルギーヴァンパイアにエネルギーを吸い尽くされてしまうと、あなたも、エネルギーヴァンパイアになっていきます。

なぜかというと、吸い尽くされてエネルギー不足に陥ると、どこかからエネルギーを補填《ほてん》しなければいけなくなるからです。よくあるのは、家族にイライラをぶつけることで萎縮《いしゅく》させ、ひょいっとエネルギーを奪ってしまう、ということ。

ですから、もしあなたの周りにエネルギーヴァンパイアがいるのなら、できるだけ会う回数を減らし、距離を置きましょう。その人がいてもいなくても、あなたの人生になんら影響がないのなら、離れるようにしましょう。

私たちは、エネルギーを与え合うことで、いい関係性を育んでいくことができます。

ですから、今日から、エネルギーのことをちょっと意識してみてください。自分から発しているものや人が発しているものが、よくわかるようになっていきます。

## 「気が乗らないお誘い」は、ストレートに断る

昔、私は、誘いを断れない人でした。

超絶気が乗らなくても、「いいね！　行く行く！」と、いい返事をしてしまう、いわゆる「いい人」でした。

誘いを断れない人の心理には、次の3つがあると言われています。

**・相手を不快にさせたくない**

・いい人だと思われたい
・人間関係を崩したくない

つまりは、**「嫌われたくない」**ということなんですよね。

過去の私も、まさにそうだったと思います。


2013年に発売された『嫌われる勇気』（ダイヤモンド社）という本をご存じでしょうか。国内累計200万部超、世界を合わせると600万部を超えるベストセラーです。今でも書店でランキングの上位に並ぶほど多くの人に読まれています。

それだけ私たちは根本的に、「人から嫌われたくない」という心理を持っています。

つまり、人との摩擦《まさつ》を恐れているのです。


私たちは、幼い頃から、「みんなと仲良くしなきゃダメ」と言われて育てられていますし、特に日本では、「みんな一緒」「みんなと同じ」であることが良いとされる風潮がありますよね。だからみんな一緒だと、なんとなく安心するのです。

それゆえ、「人と違う」ことや、「人の流れに逆らうこと」を恐れてしまう傾向にあります。

しかし、「いい人」であることは美徳でもある一方、「いい人」をやりすぎると、優先すべきは「いつでも他人」になってしまいます。「自分が本当にやりたいこと」は、いつだって後回し。すると、自分の望みが次第にわからなくなっていくというループにハマっていきます。

気の進まない人間関係はあなたのエネルギーを奪ったり、ステージをシフトするときのストッパーになったりします。

ですから、まずは「いい人」であることを手放しましょう。

他人のことを優先して、自分のことを後回しにするのではなく、自分のことや、自分が本当にやりたいことを優先するようにしてみてください。

## 手放すべき人間関係を知るサイン

手放すべき人間関係についてお話しします。
ぜひ、これをイメージしてみてください。

### 「その人と会ったときや、その場に行ったときの疲れ度合い」

もし、その人と会って元気になれるのでしたら、手放す必要も、断る必要もありません。でも、なんかドッと疲れるのであれば、それは「手放していいんだよ」というサインです。

私の場合は、それが「人」だったり、「場所」だったりします。
人がたくさん集まる場所や、知らない人がいる場所なんかがそう。
起業したばかりの頃は、お茶会や交流会に足を運んだことがあります。あわよくば、「お客さんになってくれる人がいるんじゃないか」という、つまらない下心も正直ありました（苦笑）。

でも、それは疲れるだけでした。

そもそもイヤイヤ行っているので、人と仲良くなることもできず、当然、お客さまになってくれる人などいるはずもなく、その疲れ度合いはとても大きかったです。

そのあとは、「ここは良さそう」と思ったり、「やっぱり行っておいたほうがいいかな」と思ったりするたび、先にイメージするようにしています。

「うん、疲れるわ」と思ったら行かない。そんなふうに選択することにしたのです。

人の場合も同じ。「疲れる」と思ったら、会わない。約束しない。お断りする。

このように自分の基準を持っていると、人に合わせることが徐々に少なくなっていきます。

すると、自分の好みや、苦手な人、苦手な環境がわかってくるようになります。つまり、自分のことをどんどん知ることができるようになるのです。

私たちは、**自分のことほどよくわかっていないもの**なのです。

何が自分にとっての幸せなのか、どんなふうに働いていきたいのか、がわかっていないのです。

それなのに、幸せに生きたい、働きたい、と思っても無理。

だから、自分を知ることがとても大事なのです。自分を知っていれば、私たちは、好きなように生き方も働き方も変えられるし、一からつくっていくこともできます。

そのためにも、自分の好き・嫌いを知っておくことが大切です。

そして、好みでないものは、潔く手放していくことが、とても大切なのです。

## 「予定がないから、予定を入れる」をやめる

ステージを変えたいのに、なかなかできない。

そんな人に共通するのは「忙しすぎるということだ」と少し前に書きましたね。

脳のメモリが残っていないので、「考える時間」や「考える余裕」がないのです。

私が起業を立て直すとき、こんなことを教わりました。

## 「自分で仕事をやっていくなら、何よりも先に〝考える時間〟を確保しなさい」

当時の私は、慣れないSNSの投稿のほか、何時間も、ときには何日もかけて、ブログやメルマガを書いていました。そのほかにも、募集・集客、お客さま対応、会場の予約、講座当日の準備や会場設営も、全部ひとりでやっていました。

そんな目の前のことでいっぱいいっぱいで、考える時間なんてない。すると、だんだん頭打ちになってくるのです。

思うように人が集まらない。何を書いても反応がない……。

そんなとき、当時のメンターに相談したら、先ほどの言葉を言われました。

それで、いったん手を止め、考える時間をまず確保することにしたのです。ほどなくすると、また人が集まってくるようになり、仕事も好調になっていきました。

これは、起業に限ったことではなく、自分の未来をつくっていくときも同じ。

先ほどから、「気が乗らない誘いは断ろう」「疲れる人間関係は手放そう」とお伝えしていますが、それは、自分の時間を確保していくために必要なことだからです。

気が乗らないお誘いに付き合うよりも、家でぼ～っとしていたり、昼寝をしていた方が、よっぽど建設的なのです。

ぼ～っとしたり、昼寝をしたり、なんて言うと、「そんなの予定じゃない」と思ってしまいますが、それは大きな間違い。

## 予定がないのも、予定のうち。

私たちにとって、何よりも大切なのは、「時間」です。

一日は24時間、一年は365日しかありません。

これだけは、どんなにお金を積んでも増やせるものではありません。

もちろん、普通電車よりもちょっとお金を払って新幹線を使うことで、目的地に早く到着することはできます。歩くよりタクシーで、一般自動車道より高速道路で。そんなふうに、お金で時間を少し買うことはできます。けれど、一日は24時間、一年は365日。これは変えることができませんよね。

**「その限られた時間の中で、何をしていくか」が人生の質になる**のです。

だとしたら、「どうしていこうか？」を考えたり、「私は、どんなことが好きなんだろう？」「本当は何をしたいと思っているんだろう？」と思いを巡らせたりする時間は、とても大切なものなのです。

日々のことに流されていたら、そういう時間は後回しになってしまいますからね。

だから、真っ先に「予定を入れない日」を確保する。

人から見たら何の予定もない日だとしても、自分にとっては、今後の生き方や働き方につながる大切な時間なのです。

# 「できない、無理、難しい」を手放そう

## すべてを「できる前提」で考える思考法

先日、私は受講生としてある講座に参加してきました。

いつもは主催者側ですが、参加者側になるのは久しぶり。とても新鮮で、いろんな発見をしてしまいました。

そのひとつが、ことあるごとに、「難しいなあ」とつぶやく人や、「できない前提」で考える人が多いということ。


私自身は、すべてを「できる前提」で考えるのがクセになっていて、「どうすれば、

実現可能になるか？」「どうすれば、もっと簡単にできるか？」としか考えないので、顔をしかめて「うーん……」となっている人たちと一緒にいることが、かえって新鮮だったのです。

しかし、そのままだと、なんにも前進しないのですよね。

と言うのも、かつての私がそうだったから気持ちがわかります（笑）。

今でこそ私は、すこぶる前向きな思考になっていますが、20代の頃は何をするにも「どうせ無理」と考える、超根暗人間でした。

立ちたいステージをどんなに具体的に描いていたとしても、「いや〜、そうは言っても、そんなのムリでしょ」「難しい」「できない」と思っていたら、そのステージには立てないですよね。

とは言え、反射的にそう思ってしまうこともあるでしょう。

女性によくあるのは、「自信がないから」「子どもがいるから」「仕事が忙しいから」

「お金がないから」というもの。
それをそのままにすると、「やっぱりできない。今は無理なんだよね」で終わってしまいます。そうしたら、ずっとできないままなのです。

## 「できない」を「できる」へ変換する方法

ですから、「できない理由」が出てきたら、次のように考えてみてください。

**「どうすれば、できるようになる?」**

こう考える癖をつけていきましょう。たとえば次のように。

「自信がないからできない」
↓
「自信がないままやってみる。そうだ、失敗しても恥ずかしい思いをしても、それをネタにしてみよう」

「子どもがいるからできない」

↓

「子どもを預けられる先を探してみる。働いているママ友たちがどうしているか聞いてみよう」

このように、代替案が出てきます。

「どうすれば、実現可能になる？」
「どうすれば、簡単になる？」

そうやって、反対のことを考えていくのです。
「無理」「できない」「難しい」とつい思ってしまうのは、単なる思考のクセです。もし、そうつぶやいてしまったら、その反対をいくつも考えてみてください。

最初は、苦し紛れの案かもしれません。それでもいいのです。慣れてくると、スラスラと出てくるようになります。すると、いつの間にか、「できる前提の思考」になり、小さな一歩を「ポンッ！」と踏み出せるようになっていきますよ。

## 「見栄」と「ケチなプライド」は、お金を払ってでも捨ててくる

プライドは、日本語では「誇り」と訳されますが、本当のプライドは、「誇り高き状態」のことを言います。

「誇り高き状態」とは、自分がしてきたことや、やってきたことに対して、全責任を負った場合にのみ相当する状態ですが、何もしていないのに、あるいは必要以上に、

「私はすごい」
「私は称賛されるべき」
「私は大切に扱われて当然」

と思ってしまっている人もいます。

これは「ケチなプライド」と言うべき姿。

ケチなプライドを持っている人は、「私はすごい」ということを、ちょいちょい触れ回るのです。そして、人から「すごいですね」と、称賛を集めたがります。

しかし、誇り高き人は、自分の誇りをこれ見よがしに披露することなく、非常に静かに、内側に秘めているだけです。


「見栄」は、「張るもの」ではなく、「切るもの」。

自分を必要以上に大きく見せている人のことを、「見栄っ張り」と言いますよね。

これは、まさに、自分の周りに張りぼてを巡らせているかのように、見栄をペタペタと張っている状態です。

一方で、「見栄を切る」のはどういうことか。

「いざというときには、やるべきことをやる」ということ。

その結果、自分がどういう状況にさらされようと、自分の使命や役割をまっとうする、というものなのです。

元々は、歌舞伎で使われてきた言葉ですけれども、「見栄を切る」というのは、「自分で全責任を負う」という立派な立ち居振る舞いなのです。


ケチなプライドがある自分を自覚したならば、それはさっさと捨てたいものです。見栄も「張っている」のであれば、「切る」ものへと変えていきたいものです。

しかし、これらはなかなか自覚しづらいものでもあります。人からの称賛に快感を覚えてしまっていますから、それごと捨て去るのは容易ではありません。

しかも、この年齢になると、誰も何も言ってくれなくなるのですよね。

注意してくれる人がいるとしても、身内だけ。しかし、身内に言われると「カチン！」と来るものです（笑）。


そんなときは、お金を払ってでも、忖度なく指摘してくれる人、あるいは、アドバイスしてくれる人をお願いするのも、ひとつ。

わざわざお金を払うのは、「こういう自分は捨てる！」という覚悟の表れですから、かなりの高確率で、要らぬものを捨て去ることができます。

私も、コーチングやコンサルでの学びを通して、自分や人の内面に深く向き合う経験を重ねた結果、どうしようもないケチなプライドを持ち、見栄を張っている自分を自覚できたことがあります。そのときは、「私、みっともないなあ……」と思いました（苦笑）。

そういうみっともない自分は、やはり見たくありません。

あなたはどうでしょうか？

## 不安は過去の産物

私たちの脳は、不安になるようにできています。

- **老後のお金の不安**
- **自分や家族、愛犬の健康の不安**

**・本当は、私には何もできないのではないか？という不安**
**・結婚や婚活への不安**
**・人間関係の不安**
**・仕事の不安**

など、たくさんの不安が取り巻いていますよね。

中には、頭の中のほとんどを不安が占めていて、何かしようと思ってもできない、そもそも何かをしようとさえ思えない、という人もいらっしゃいます。

先にお伝えしておきますが、不安は手放せます。

手放していけるようになると、思考の大部分に「空き」が出ます。

すると、脳のパフォーマンスが良くなり、考える時間もでき、思い通りのステージをつくっていくことができる。まさに、いいことづくしです。

では、どうやって手放していけばいいのか？

それは、**「不安の正体を知る」**ことです。

不安には、**「予期不安」**というものがあります。

脳の深層部が、過去のデータから未来を予測し、不安を煽《あお》る、というもの。

たとえば、うまくいかなかったことや、トラウマ、ショックな出来事など、私たちは成長する過程で色々な経験をしていますよね。それらは、生命維持を司る脳の深層部に、データとして蓄積されていきます。

何かをしようと思ったとき、脳は、そのデータをもとに、勝手に予測を始めます。そして、過去に受けたストレスを二度と受けないようにするために、「不安」という防御を働かせるのです。

今でこそ日本で普通に生活している限り、命を脅かすようなリスクに出合うことはあまりありません。でも、太古の昔は、よくあったんだろうなあ、と想像できます。一歩外に出たらどんな獣に出合うかわかりませんし、気候変動もあったと言われていますから、今日一日を無事に生きることが生命の最大のミッションであったはず。

そんな中、ストレスを受けるようなことがあっては一大事！

脳にとっては、安全でいることと、生き延びられた昨日と同じ状態でいることが、非常に大事なことですから、それを死守したい脳が、「不安」という危険信号を発動させます。

ピーコンピーコンとアラームを鳴らし、「それ、触っちゃダメだよ」「それ、やっちゃダメだよ」「大変なことになるよ」と、「行動しない」ようにさせるのです。そうやって、「今」に留まらせようとする。

私たちが新しいことに挑もうとするとき不安に駆られるのは、脳がそんなふうに危険信号を出しているからなのです。

新しいことというのは「未知の世界」ですからね。無事に生き延びられた昨日と同じ状態を好む脳にとって、未知の世界はデンジャラスゾーンそのものなのです。

脳には、そんなカラクリがあります。

それを知っておくと、「不安の正体」を突き止めることができるようになります。

**不安は、過去のデータから予測されたもの。つまりは、過去の産物です。**

ですから、過去の中から似たような出来事を探していくと、不安の正体がわかってきます。

信頼できる人に話してみたり、紙に書き出してみるのも有効な手立てです。

それに対して、客観的な意見を聞いたり、自分で客観的に眺めてみると、「なーんだ」というものも多かったりします。少なくとも、命を脅かすほどの理由は、ほとんどありません（笑）。

特に、漠然とした不安ほど、漠然ではなくなるので、手放しやすくなってきます。

不安の正体を突き止めたら、ぜひ、これを考えてみてください。

「その不安は、抱き続けるほど価値があるものか？」

価値がないものだとしたら、さっさと手放してしまいましょう！

第3章

# 自分を活かす道をつくる

## 自分の武器を見つけるステージシフト

# 遅咲きは、稼げる武器を必ず持っている

## 「自分の当たり前」は武器になる

「自分には何もない」と思っておられる人がとても多いのですが、皆さんを見ていて「そんなことは、絶対にない！」と思うのです。

これまで多くの、30代〜50代の女性にお会いしてきましたが、本当に何もない人なんて、ひとりもいませんでした。

自分が持っているものを見つけようとしてこなかったから、今はまだ見えていないだけなのです。あるいは、「これかな？」となんとなく思っていても、磨き方がよくわかっていないから、まだ光っていないだけ。

人生の正午にいる私たちは、午前のうちに様々な出来事を経験しています。その中には、得意なことや、人に喜ばれたものが、必ずあります。

でも、自分では「こんなことは、たいしたことではない」と思っていたり、「こんなの、誰でも同じでしょ?」と思っていたりしますよね。

私の友人に、ビジュアルビジネスプロデューサーの豊田ふみこさんという人がいます。

ご自身のブランドを立ち上げられ、お洋服のデザインも手掛けられています。私も、ここ5年ほどふみこさんにお世話になっていて、年に何度か、お洋服を選んでもらっています。ファッションに疎い私が、お客さまの前でそれなりの格好をしていられるのは、もう本当に、彼女のおかげです。

ふみこさんにお洋服の相談をすると、「ゆう子さんには、こういうのがいいと思うんだよね」と、絵を描いてくれることがありました。まさに、ファッションデザイナーが描くようなデザイン画です。それを見て「すごい！」と驚いたら、こんなことを言っていました。

「人からそう言われたとき、私もびっくりしたの。みんなできると思っていたから」

話を聞くと、子どもの頃から、「こんなお洋服があったらいいな」「あの人には、こういうのが似合うだろうな」と、頭の中で想像したデザインを紙に描いていたのだそうです。

そのくらいファッションが好きで、大学生や社会人になると、稼いだお金は全部ファッションにつぎ込んでいたのだとか。

「私には、それが普通のことだったから、みんなにとっても普通だと思ってた（笑）」と言っていましたが、私から見たら「えー!?」ですよ。

私は、お給料のほとんどを、本とゴルフの打ちっぱなしにつぎ込んでいましたから。ちなみにボーナスは、毎回、パソコンです（当時は、ノートパソコンが50万円近くしたので、ボーナスは全部吹っ飛びました)。

そんなふうに、**自分の「普通」や「当たり前」が、人にとってはそうではないことは案外多くある**のです。

ですから、あなたにとっての「普通」や「当たり前」を、ぜひ一度、疑ってみてください。当たり前にできてしまう中にこそ、人とは違う何かが隠されていることが往々にしてあります。

ここから、あなたの武器を見つけていくための事例やワークをたくさんご紹介していきますので、ぜひやってみてくださいね!

## 何ができても・できなくとも、武器の原型は必ずある

「できていること」だけに何かがあるとは限りません。

今までお会いしてきた女性の中には、

**・笑顔が本当に素敵な人**
**・声がいい人**
**・立ち姿が美しい人**
**・所作に雑音がなく静かな人**
**・品がある人**
**・髪が美しい人**
**・心遣いがすごい人**
**・独特の視点を持っている人**
**・ちょっと変わっていて、いちいち面白い人**

などがいらっしゃいました。

それらは、持って生まれた資質のようなものかもしれませんし、後天的に身につけてきたものかもしれません。いずれにしても、**何ができても・できなくとも、この年齢まで生きてきたのなら、必ず、その人なりの美点や光る何かがあるもの**です。

これまであなたがしてきたことの中で、人から聞かれるようなことはありませんか？

たとえば、次のようなものです。

**「すごいね、それどうやっているの？」**

**「どうしてそんなに○○なの？」**

**「○○したときのこと教えてくれる？」**

具体例を挙げましょう。私の知人に、「整理術」を教えてくださる方がいました。家の片づけレッスンを何度かお願いしたことがありますが、彼女と一緒にお片づけをしていると、所作がとにかく美しく、どれだけ物に触れても物音ひとつ立てず、とても静かなのです。一方で私は、「ガラガラガッシャ〜ン！」と落とすわ、壊すわで（苦笑）、そんな自分が恥ずかしくなってしまいました。

そこで、「どうしてそんなに静かなんですか？」と聞いてみたら、どうやら「お茶」を習っていたそうなのです。

お茶のお作法には、身体の使い方があるのだそう。音もなくスッと立ち上がることや、歩くこと、扉の開け閉めやお道具の扱い方などのすべてに「静寂」が求められるのだそうで、そのための身体の使い方が身につく、という話でした。

そんなふうに、若かりし頃の習い事を通して身についたこともあるでしょうし、ご家庭のしつけや、共に暮らす親や祖父母の立ち居振る舞いを見る中で自然と身についていることも多々あります。

それが武器になるとは、普段はまったく思っていなかったとしても、もし「人からよく聞かれる」ことがあるのだとしたら?

それは、相手よりもあなたのほうが詳しかったり、良質な情報を持っていたり、上手だったりするということです。

それらも、立派な武器のひとつになるのです。

ワークタイム 4

## 武器の原型を見つけるワーク

1　これまで、人から「教えて」とか「それ、どうやるの？」と聞かれたことはありますか？　もしあるなら、それはどんなことですか？

2　その人たちに、何をどう教えてあげたらできるようになると思いますか？

## 「私って、ヘン？」も武器になる時代

武器になるのは、決して良い部分だけではありません。

人から「変わっている」と言われることだったり、「これを人に知られたらヘンに思われる……」と、ひた隠しにしてきたものの中にもあったりします。


たとえば、最近のことで言うと「ＨＳＰ」。

人の気質を表す名称で、ハイリー・センシティブ・パーソンの頭文字を取ったもの。感じる力が強く、繊細な人のことを指します。繊細な人を研究していたアメリカの心理学者アーロン博士によって名づけられました。日本では「繊細さん」と言い表されることも多く、近年、本もたくさん出ていますよね。


この気質を持つ人は、人口の20％。つまり5人に1人、とも言われています。

そう、割と多いのです。ですから、「ＨＳＰ」の情報がたくさん出るようになり、

生きやすくなった人も多いのではないでしょうか。

なぜかと言うと、ＨＳＰの人たちは、人が気にしないようなことが気になってしまったり、刺激に敏感で疲れやすかったり、共感力が高すぎて人に振り回されてしまったり……と、感覚が鋭いがゆえの生き辛さを感じてこられた方が多いと言われているからです。

人とちょっと違うように感じる自分を隠し、ヘンに思われないよう、できるだけ人と同じように振る舞おうと努力してこられた方も、とっても多いと思うのです。


でも、そういうユニークさは、非常に大きな武器になるのです。

私があるセミナーで知り合った同期の中に、ＨＳＰの方がいらっしゃいました。

彼女はその気質を活かし、お片づけをお仕事にしています。

色々なことが気になって仕方がない……そんなＨＳＰだからこそ、自分が普段休む場は、目から入ってくる情報を少なくし、整えておく。すると、疲れがすぐにリセットされるようになるだけでなく、そもそも疲れにくくなり、使いたい場所にエネルギーを使っていけるようになるんだとか。

そんなお片づけの方法や、人との付き合い方などを、生き辛さを感じていらっしゃる同じ気質を持つ人々に伝えているそうです。

彼女自身がとっても優しい人で、あまりの優しさに、「本当に繊細だ」と思うほど。でも、その繊細さが武器になるのです。

私自身、彼女のことが大好きなので、ブログもよく読んでいるのですが、心がじんわりしてくる優しい内容なのです。そんな彼女のブログは毎日5000人以上もの人たちが見に来られるそうです。

人とは違うユニークさ。

それで苦しんだことも数知れずだと思います。しかし、だからこそ、光り輝いてくるのです。

私たちは、「みんな一緒」をヨシとして育ってきましたが、それはもう古い時代の価値観。

**今、そしてこれからの時代は、人と違っていい**のです。その違いを認め、磨いていけば、過去のあなたと同じように悩んでいる人の力になっていけます。

それが、「自分が武器になる」ということです。

## 武器は日常の中にある

「あなたの武器は何？」と聞かれると、「武器になるものを、何か手にしないと！」と、新たに外から補おうとしてしまいがち。

しかし、**武器はすでにあなたの中にある**のです。

そして、あなた自身をつくってきたのは、「日々の暮らし」。だから、あなたの武器は、あなたの「日常」の中に眠っています。

「自分には何もない」「まだ何もできていない」「何者にもなれていない」。

そう思っている人の日常の中にも、「何かがある」のです。

まずは、「自分にもきっとある」と思って探してみてください。

あるクライアントさんは、コーチングで、ご自身のお仕事をスタートさせようとしていました。

ところが、よくよく話を聞いていくと、広告会社でかなりのキャリアがあるのです。どうしてそれを活かさないのと聞くと、「それでは起業は難しいと思って……」という返事が返ってきました。

つまり、ご自身のキャリアの中に、個人でも仕事にしていけるようなものは「ない」と思ってしまっていたのです。

でも、その中に、武器となるお宝はいっぱい眠っているんですよね。

だって、長年、ちゃんとお仕事をしてこられたのだから。


仕事も、「日常」です。しかも、仕事が一日に占める割合は、とても大きいはず。

ですから、ご自身のキャリアの中に、武器となるたくさんのお宝が眠っています。

会社員を長くされてきた方は、ぜひ、仕事で培った能力や経験の中に、ご自身の武器を見つけてみてください。

そして、早くから家庭に入り、子育て中心の生活を送ってこられた方も、たくさんの武器をお持ちです。

なぜなら、**「結婚」「出産」「子育て」も、紛れもない「キャリア」だから**です。

結婚、あるいは離婚、子育て、人付き合い……など、たくさんのことを積み重ねてきたはず。その中で、「それって、どうやってやるの？」と聞かれたり、ママ友との会話の中で、「私なら、こうするのにな」と思ったりしたことはありませんか？

そんなことにぜひ思いを馳せてみてください。

先ほどご紹介したクライアントさんは、現在、ブランドプロデューサーとして、会社員と個人起業の両方で、活躍されています。

キャリアの中にある武器を見つけるまで半年ほどかかりましたが、名刺を作る、ロゴを作るなど、小さな仕事を請け負うことから始め、少しずつ、ご自身の中に眠る武器を見つけ、磨いていきました。

今では、起業家や老舗商店や企業などのブランド構築や企画プロデュースで引っ張りだこ。会社員のお給料と並ぶ収入を、個人のお仕事でも得られるようになりました。そして、もっと本腰を入れたいから、ともうすぐ会社を退職し、独立されるそうです。

ワークタイム

5

## 経験・キャリアから「武器」を見つけるワーク

あなたには、どんなキャリアがありますか？
何をしてきたのか、できるだけ具体的に書き出していきましょう。
そして、その中で出てきた武器になりそうなキーワードを３つ選んでみてください。

# できないことよりも、できること

## 「できなかった」は、誰かの希望になる

これからの時代は、「普通の自分」がますます仕事になっていく時代です。

私自身は、すでにある程度それを叶えていますが、等身大の自分が仕事になっていくというのは、とてもラクで清々しいものです。

とは言え、「何をどう出していけばいいのかわからない」というご相談は、一番多いかもしれません。

そんなときは、やはり「ない」前提で考えてしまっているので、なかなか見つけることができないのです。

でも、この年齢にもなると、これまでの人生の中で経験してきた何かしらのことが、必ずあります。その中に、誰かの「悩み・困った」を解決する術があります。

仕事というのは、「人の悩みや困っていることを解決すること」。ですから、誰もが自分の経験を仕事にしていくことができるのです。

起業をやり直し、半年ほど経った頃、私は、「婚活」を仕事にしました。

その前から、ブログやメルマガは書いていましたが、当時は、何を書いたらいいかわからず、自分にできることなど何もないと思っていたので、内容も漫然としたものになってしまい、人からの反応もまったくありませんでした。

でも、「今は練習のときだ」と思い、めげずに書き続けていたのです。

それと並行して、プライベートでは婚活もしていました。でも、それについてはほとんど書いていませんでした。

そんな中、今の夫との結婚が決まったことをメンターにご報告したら、「婚活のことを書いたらいいのに」と言われたのです。

それで書いてみたら、驚くほどの反響があり、「もっと詳しく聞かせてください」と言われるようになりました。

それで、「婚活のこと話します。相談にも乗ります」という趣旨のグループコンサルを企画し、メルマガでご案内してみたのです。すると、とても多くの方が興味を持ってくださり、用意した会はあっという間に満席になりました。

「違う日程での開催はありますか？」というお問い合わせをたくさんいただいたので、次の月の日程をご案内したら、そちらもすぐ満席に。そんな感じで、4ヶ月先までご予約で埋っていきました。

なぜ、それほどの反響をいただけたのかというと、過去に「結婚できなかった私」がいたからです。

- **40歳を過ぎて結婚していなかったことに肩身の狭い思いをしていた私**
- **結婚している友人たちを本当はうらやましく思っていたのに、その気持ちをなかったことにしていた私**
- **キャリアを積む中で、男性のことを、どこか下に見てしまっていた私**

**・大丈夫じゃないのに、「大丈夫！」と強がってしまっていた私**
**・人にうまく甘えられなかった私**
**・「その気になれば結婚くらいすぐにできる！」と思っていた私**
**・でも、気づいたら40歳を過ぎていて、老後のことが気になり出して、ふいに寂しさに襲われる夜があった私**
**・とは言え、「ひとりで寝る快適さは手放せない！」と思っていた私**

「結婚はいつか」と思いつつ先延ばしにしてきた40歳過ぎの女性の気持ちが、そんなふうにすごくよくわかったのです。

なぜなら、私自身がそうだったから。「でも、そんな私もできたよ！」というのが、過去の自分と同じ場所にいる人たちの希望になったのです。

「その方法を知ったら、私もできるかもしれない！」という希望に。

私の場合は「結婚」でしたが、それが「離婚」でもいいのです。

「片づけられなかった私が、片づけられるようになった」という方もいらっしゃいますし、「玄米食に変えたら、夫婦共にスルスルと痩せていった」「親子関係が悪かったけど、今はとても良好になった」「都内での暮らしに疑問をもっていた私が、夫を説得し、憧れていた自然豊かな土地に家族で引っ越した」という方もいらっしゃいます。

どんな些細なことでも、「過去の私はできなかったけど、今はできている」ということがあるはずです。そういった経験は、誰かの希望になり、あなたの武器になるのです。

ワークタイム 6

## 「過去の解決」を掘り下げるワーク

1　過去に困っていたり悩んでいたりしたことで、解決できたことは何ですか？

2　それらをどうやって解決しましたか？

## 「自分のポジション」で咲いていこう！

これまでは「あとから身につけたもの」を中心にお話をしてきました。しかし、私たちが持っている武器は、それだけではありません。

というのも、私たちには、「あとから身につけたもの」より前に、「子どもの頃から持っていたもの」があるからです。

「子どもの頃から持っていたもの」とは、こういうことです。

- **子どもの頃に好きだったこと**
- **子どもの頃に得意だったこと**
- **子どもの頃から与えられていた役割**

私は小さい頃、親からよく「外に出て遊びなさい！」と言われるほど、外に出かけたくないタイプで、とにかく家にいることが大好き。

でも、昔はそれを「あまり良くないこと」だと思っていました。

年頃になると、みんな、ウインドウショッピングや海外旅行を楽しみにしますよね。それを見て、私自身も買い物に出かけたり、旅行にも行ったりしましたが、正直、直前になると「誰か代わりに行ってくれないかな」と思ってしまうほど。そんな自分は、少しおかしいのかな、と思っていたこともあります（笑）。

でも、今では、子どもの頃の「好き」を思い出したことで、そんな自分にもマルすることができました。


子どもの頃の幸せなシーンを思い出すと、「コタツ」と「お布団」が浮かんできます。コタツの中に潜り込んで、電気の明かりをボーッと眺めたり、雨の日の朝、布団を頭からすっぽり被り、家族の寝息と雨音に耳を澄ますことが、もうたまらなく好きな時間だったのです。

そんな自分を思い出すと「私が幸せを感じるのは、こもっていることなんだ」と、自信を持って思うことができたのです。

このように、子どもの頃に好きだったことや得意だったことを思い出すと、それだけで「気持ちが温かくなりました」「私にとって大切なことを思い出すことができました」とおっしゃる方が多いです。

ぜひ、「自分の子どもの頃の幸せを感じたこと」を思い出してみてください。「子どもの頃から持っていたもの」を思い出したことをきっかけに、仕事の方向性が変わったり、今やっていることに自信を持てるようになったりします。

私自身もそうでした。

私が仕事の仕組みを構築したのは、今から6~7年前のこと。

当時は、様々な場所へ出かけ、大勢のいろんな人に会い、広く大きく華やかに活動・活躍するような起業が目立っていました。しかし、「こもっていることが好き」ということを自覚していた私は、それとは正反対の「家からなるべく出ない仕事の仕組み」を構築したのです。まさに、「おこもり起業」です(笑)。

それが結果的に、「仕事もしたいけど、家庭も大事にしていきたい」と思う同年代の女性から多くの共感を得て、「その仕組みを教えて欲しい」「私もそんなふうに仕事をしていきたいです！」とおっしゃる皆さまが、お客さまとしていらしてくださるようになりました。

ほかの人の目を気にすることなく、自信を持って自分に合う仕事の仕組みを構築できたのは、自分の「子どもの頃から持っていたもの」をわかっていたからこそです。

そして、私は、学級委員や生徒会をやらなかった年がなかったほど、ずっと、クラスや全校生徒の前に立つ、という役割を与えられてきました。

そういうことが得意だとも思っていませんでしたし、好きだなんて思ったこともありません。でも、大人から見たら、「この子は、人の前に立つことが合っている」とか「できる」と思っているから、そういう役割を与えるんですよね。

私は、三姉妹の長女なので、妹の面倒はずっと見てきましたし、「お姉ちゃんだから」ということで、しっかりすることや自制することを当たり前とされて育ってきました。

このようなことも、「人の前に立つ」ことや「人をまとめる」ことを後押ししていたと思うのですが、そんな子どもの頃の役割を、「自分に与えられた役割」として捉え直してみる。すると今、こうして人の前に立って何かをお伝えするというこの仕事は、「もしかしたら天職かも？」とさえ思えてくるから不思議なものです。

もちろん、本当に天職かどうかはわかりません。

ですが、少なくとも、私はこの仕事や、人の前で何かをするという今のポジションが好きです。公務員をしていた頃とは比べものにならないくらい、水を得た魚のようにイキイキと働くことができています。

それも、「子どもの頃から持っていたもの」に思いを馳せ、自分の得意なことや与えられてきた役割を思い出したからなのです。

そんな話を講座の中でしたら、「私は、いつも副委員長でした」という方がいらっしゃいました。たしかにその方は、どちらかというと女房役というか、よき右腕となり、人を陰で支える、というポジションがとても合う人。そういう人が、私のように前に出ていくことを仕事にしたとしたら、どうでしょう？

水を得た魚どころか、無理をして苦しくなる可能性が高いのです。

ですから、「自分で仕事をする」と一言で言っても、どんなポジションで仕事をするのがいいかは、人それぞれです。

講師や経営者として人の前に立ち、ゼロから何かを生み出していくことが得意な人もいれば、その人たちが生み出したものを、人がわかるようなカタチにして世の中に広めていくことが得意な人もいます。あるいは、そういう前に立つ人たちの右腕として、裏方でサポートしていくことが得意な人もいるのです。

実際に、私が主宰している「ブレイン秘書養成講座」を受講される人たちは、「人のサポートが得意で好き」という能力を存分に発揮されながら、様々な起業家のアシスタントや秘書として活躍されている方々が何人もいらっしゃいます。

**「子どもの頃から持っていたもの」は、誰にでも、必ずあるものです。**

ぜひ、そこにも思いを馳せ、ご自身の持って生まれた役割や使命を思い起こしてみてください。

すると、自分の得意なことや武器、働き方が見つかり、自分に自信が生まれてくるはずです。

ワークタイム 7

# 自分の得意とするポジションを見つけるワーク

・子どもの頃に好きだったこと

・子どもの頃に得意だったこと

・子どもの頃から与えられていた役割は、何ですか？
そこから見える、あなたの「得意とするポジション」は、どんなポジションでしょうか？

## 「やりたいこと」より、「できること」をやろう

私がよくクライアントさんにお伝えするのは、「まず、できることをカタチにしていきましょう」ということ。できることでないと、仕事にはなっていきません。

でも、多くの人は「やりたいこと」を考えてしまいます。

その「やりたいこと」が、すでに「できていること」ならいいのですが、そうではない場合も多々あるはずです。

というのも、「やりたいこと」は「憧れ」に近いものであることも多いからです。憧れは理想と同じ。「まだ自分ができないこと」だったりもするので、結局、「できないことをやろうとしてしまう」ということになってしまうのです。

「できないこと」は、「まだ持っていないもの」だったり、頭の中で考えているだけの机上の空論で「実在しないもの」です。当然、自分の武器にはなりません。

ですから、仕事として、なかなかカタチになっていかないのです。

「仕事」とは、お客さまの「悩み」や「困った」を解決して差し上げるために、自分の武器（できること）を、お客さまのために役立てていくことです。

私の場合は、「婚活」という、自分が「できたこと」を仕事にすることで、起業のやり直しを成功させました。けれど、鳴かず飛ばずだった時代は、自分の「できないこと」をやろうとしていたのです。

その頃の私がやりたかったことは、起業を教えること。

そう、今の私がやっているようなことをやりたかったのです。でも、当時の私は、起業ではうまくいっていなかったので、それを仕事にすることは、当然のことながらできませんでした。

そんな過去の私のように、「今、自分が欲していること」や「こうなったらいいな～」と思っていることをやろうとしてしまう方が、案外多いのです。

たとえば、もし私が、今もなお、鳴かず飛ばずの起業をしていたとしたら？

せっかくお客さまがいらしてくださっても、その人たちが起業で成功するための方法をお伝えすることができないのです。

そもそも自分の起業を軌道に乗せることができていないということは、「うまくいくためのやり方を知らない」ということですから。当然のことながら、お客さまたちに、起業の方法をお伝えすることなんてできないのです。

このように、「できないこと」をしてしまうと、結局、「できない人」を生み出すだけになってしまいます。

ですから、まずは「できること」をカタチにすることを考えていきましょう。

そして、その先で、少しずつ芽が出てきたら、そこに「やりたいこと」を混ぜていく。できることがカタチになると、やりたいことも次第にできるようになっていきます。

鳴かず飛ばずだった私が起業をやり直すとき、今度は本当に「できること」を仕事にしました。42歳で始めた婚活を半年で卒業して結婚したので、「40代ならではの婚活」を教えていったのです。

そうしたら、学びに来てくださった皆さんが、次々とご結婚されていきました。

すると今度は、「結婚で仕事を辞めることになったので、私もゆう子さんみたいに自分で何かやっていきたい」というご相談をいただくことが増えてきたのです。

特に、ネット婚活などでお相手と知り合って結婚する場合、活動エリアを隣3県くらいまで広げることが多いので、住み慣れた土地を離れ、別の土地へ嫁ぐケースが割とあります。

私もそうでしたが、それによって仕事を手放す方もいらして、そんな方たちから「働き方」についてのご相談が、数多く寄せられるようになりました。

婚活の仕事はうまくいっていたので、手放すのは惜しいという気持ちもありましたが、「自分の性質をもっと活かした仕事をしていきたい」と思い、思い切って、「起業」をお伝えする方向へとシフトしました。

そして今は、起業に限らず、遅咲き年齢だからこその働き方や、生き方についてお伝えしています。

そんなふうに、**自分の「できること」をカタチにすることで、回り回って結局、「やりたいこと」をしていけるようになります。**

「やりたいことが特にない」という方もとても多いのですが、そんな方も、ご安心ください。どんな人も、「ドンピシャにやりたいこと」などすぐに見つかりません。

持っている武器を活かして磨き、自分の世界を広げていく中で、少しずつ「やりたいこと」も見つかっていくので、ご安心くださいね！

かりに今はまだ、やりたいことが見つかっていなくても、「できること」ならたくさんあるはずです。あなたの「できること」を軸に考え、カタチにしていく中で、「やりたいこと」も見つかっていきます。

## 使ってはじめて武器になる

ここまで書いてきたように、あなたの武器は、すでにあなたの中にあるものです。つまり、あなたの「経験してきたこと」が、自分の武器になります。それが、「あなたの能力」であり、「あなたができること」なのです。

武士の刀も、使わければ腰につけているただのかざりにすぎません。それを使ってはじめて、人を助ける武器になります。それと同じように、私たちのチカラも、使ってはじめて武器として役立てられるようになるのです。

第1章の「理想のステージをセットするワーク」を思い出してみてください。

「自分の能力を活かして、人の役に立っていきたい」
「自分にできることで、世の中に貢献していきたい」

「自分と同じような人の悩みを解決して、その人たちに幸せになってもらいたい」

そんな想いを見つけたあなたになっていくために、自分の武器を役立てていってください。そうすることで、あなたのステージはどんどんシフトしていきます。

「人の役に立つ」というと難しく感じる人は、こんなふうに考えてみるのもいいでしょう。

「どうすれば、人に喜んでもらえるだろうか？」

## 「自分の武器」を仕事・お金に変える

では、実際に、「武器をどのように使っていくのか？」というお話をしていきたいと思います。

一番オススメの方法は、**「あなたが持っている武器を仕事にしていく」**こと。

これからの時代は、誰もが自分の能力を活かしていける時代です。

先ほどから書いている通り、誰にでも武器はあります。

問題は、それをどう活かしていくかです。

そこで、次の項目からは武器を仕事にするための方法をお伝えしていきます。

もちろん、仕事としてではなく、ボランティアのように、お金をいただかずに人の役に立つ、でもかまいません。けれど、できればご自身の武器を活かして「仕事」にしてみましょう。趣味やボランティアにするのもひとつの選択ですが、それでは、なかなかステージが変わりません。

仕事にすると武器はもっと磨かれていき、多くの人を助けたり、幸せにできるようになります。お金をいただくということは、責任を負い、さらなるエネルギーを出すこと。だから、無償でやっているときとは別次元のスピードで、自分のステージが変わっていくのです。

友人へのボランティアではなく、お客さまの問題を解決する経験が、さらに自分を成長させてくれます。また、あなたの仕事ぶりを見て、新しいお客さまとの出会いや、チャンスが訪れる機会も増えていくはず。

実際に、私も、お金をいただくようにしたあとのほうが、新たな出会いやチャンスに、次々と恵まれるようになりました。

先行き不安な時代。けれど、誰もが世界中に自分の存在を知らしめることができる便利な時代です。あなたのことや、あなたの想いを知ってもらう手段がいくつもあります。それを使わない手はありません

副業を解禁する会社も増えてきたので、会社員をしながら、空いた時間で、自分の武器をさらに磨いていくことがしやすくなりました。

私は個人的に、「副業」ではなく「複業」の時代だと思っています。

誰もがいくつもの仕事、いくつもの自分の顔、つまり「自分のブランド」を持つ時代にどんどんなっていきます。

起業というと大袈裟に感じる方もいらっしゃるかもしれません。そんな方は、ご自身の可能性を広げる話、あるいは、ご自身を活かす道を拓いていく話、と思って読み進めてくださいね。

## 「武器」を「仕事」に変える具体的な方法

### ステップ1　「できる」をひとつ選ぶ

これまで、様々な角度のお話やワークから、あなたが「できること」「経験してきたこと」「解決したこと」などを洗い出していただきました。

それらは全部、あなたの武器となるものですが、ここから先は、その武器を、人に手渡していくまでのことをお伝えしたいと思います。

それでは、ワークを交えつつ、ステップをご紹介していきますね！

まず、最初に、これまでのワークを通して出てきたものの中で、「こういうことならできそうだな」と思うことを、簡単に紙に書き出し、テーブルの上に並べてみてください。そして、その中で、「これ、得意だな」と思うことや「好きだな」と思うことをひとつ、選んでください。

**1　あなたができることを紙に書き出し、テーブルの上に並べる**

**2　その中から「得意なこと（あるいは好きなこと）」を、ひとつ選ぶ**

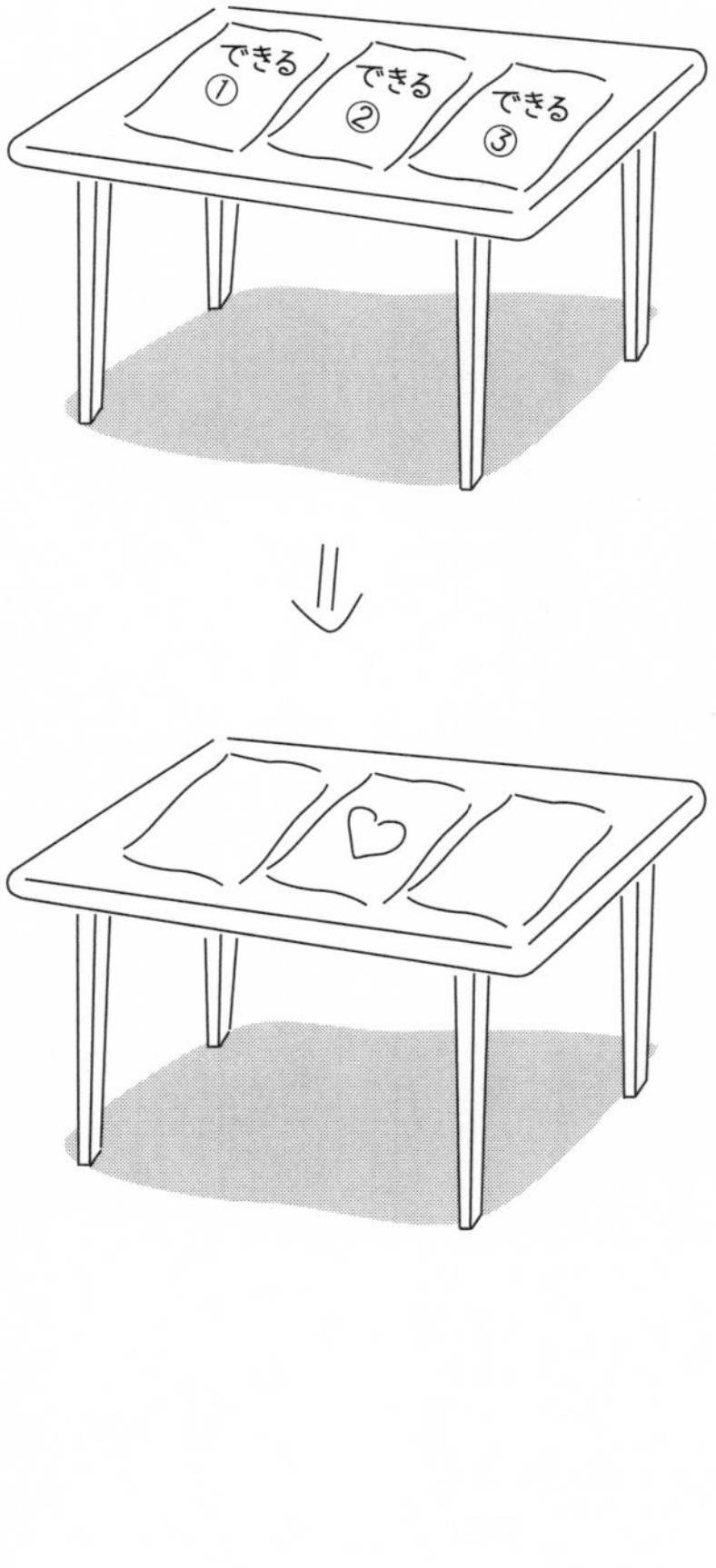

## ポイントは、「ひとつ選ぶ」こと。

人生の正午の時間帯ともなると、皆さん様々なご経験をお持ちなので、「できること」がいくつもあります。すると、ついつい、あれもこれもと、色々なことをやろうとしてしまいたくなるもの。「そのほうが、たくさんの人が興味を持ってくれる」「たくさんの人がお客さまになってくれる」と錯覚してしまう人もいますが、実際は違います。

できることがたくさんあるのは素晴らしいことですが、お客さまからは、「いったい何屋さんなの？」と思われます。それが、お客さまを迷わせる原因にもなってしまうのです。

たとえば、どこかのお店に入ったとき、食器も売られていれば、洋服もあり、パソコンや花の苗などもあったら、どうでしょう？「何屋さんなの？」と思うはずです。そこで何かを選んで買おうとは思いません。私なら専門店に行きます。その方が上質なものが手に入ると思うから。

自分を仕事にする場合も同じ。「あれもできる、これもできる」とするのではなく、その中から「ひとつ」を選んで、「私は、こんなことができますよ」というふうにするのです。

ただ、ここでひとつを選んだからといって、ずっとそれを選び続けなければいけない、ということはありません。仕事にしてみようとする中で、「やっぱ違うかも」と思ったら、また別のものを選び直せばいいのです。

ですから、まずはひとつを選んでみてくださいね！

## ステップ2　人の気持ちに思いを馳せる

ステップ2は、「人の気持ちに思いを馳せる」です。

何かを作ることが好きで得意な人は、「こういうのが欲しい！」と思っている人に「売る」ことができます。

あるいは、インスタのフォロワーを1万人にした経験のある人は、「私もフォロワーを増やしたい！」という人に、そのやり方を教えることができます。

このとき、こう考えていく必要があります。

「これを欲しいと思う人は、何に困って（あるいは悩んで）いて、どうしていきたいんだろうか？」

こんなふうに、人の気持ちに思いを馳せることで、その人の「〜したい」が見えてきます。

これを「ニーズ」と言いますが、人のニーズを満たすものでないと、物も、目に見えない商品も、売れることはありません。

最近の例でいうと「布マスク」。手作りの布マスクを販売している人が大勢いらっしゃいますが、私もそういう人たちから購入しているひとり。

なぜかというと、私には次のニーズ（〜したい）があるからです。

- **使い捨てマスクは、毎日会社に行っている夫に回したい**
- **ゴミを少なくしたい**
- **白いマスクに飽きた**

**・可愛いマスクをつけて気分を上げたい**

**・得意を活かして仕事をしている（マスクを作っている）人を応援したい**

私のマスクに対するニーズを書きましたが、実は、多くの人は、自分のニーズに気づいていません。

でも、こういうふうに言われたり書いてあるものを見たりすると、「あ！　私もそう思う！」と気づくのです。

だからこそ、自分の武器を仕事にしたいと思ったら、「誰の、どんなニーズを満たすものなのか？」ということを「言葉」にしておかないといけないのです。

では、考えてみましょう。

**ステップ1で選んだことは、誰の、どんな「〜したい」を満たすものですか？**

ワークタイム 8

## ニーズを考えるワーク

ステップ１で選んだことは、誰の、どんな「〜したい」を満たすものですか？

なかなか思いつかない人は、これまでご自身が受けてきたサービスから考えてみるとヒントを得やすくなります。

そのサービスを受けようと思ったとき、あなたには、どんな「～したい」がありましたか？

## ステップ3 「解決できる力（武器）」を、人の役に立つカタチにする

次に、こんなことを考えていきます。

**こういう人の「～したい」を満たすために、どんな解決策を渡すことができるのでしょうか？**

ワークタイム
9

## 解決策を見つけるワーク

こういう人の「〜したい」を満たすために、どんな解決策を渡すことができるでしょうか？

つまり、その「解決策」が、誰かの役に立つ武器になっていきます。
たとえば、次のようなものです。

- **結婚をしたい女性に、最短最速で結婚できる方法を教えることができる**
- **老いや病気でカラダがこばわっているワンちゃんのマッサージを教えられる**
- **生理痛がひどくて困っている人に、布ナプキンを作ってあげられる**
- **働き方を変えたいと思っている人に、一歩を踏み出す方法や考え方を伝えられる**

こんなふうに、世の中にはたくさんの「困った」があり、たくさんの「解決策」がありますが、あなたのそれは何でしょうか？

これを考えるとき、とっても大切なことは、「過去の自分が困っていたこと」に思いを馳せること。そして、それを言葉にしておくこと。

結局、自分が解決できたことでないと、人に「解決する方法」をお伝えすることはできませんから。

これまで取り組んできたワークの中に、ヒントがたくさんあるはずです。ぜひ、考えてみてくださいね。

この、「過去の自分が困っていたことに思いを馳せ、言葉にしておく」ことは、仕事をしていく上で非常に大切な考え方になります。そして、自分が成長すれば、バージョンアップしていくものでもあります。

ですから、一度のみならず、頃合いを見計らって、何度も考え、更新をかけていくとよいです。私も、いまだによく考えています。

第4章

# ステージシフトをスルッと叶えるコツ

## 自分を咲かせるステージシフト

# あなたの想いや考えを世に送り出す

## 「SNS」で種をまこう

さて、これまでのワークを通して出てきたものたち。

これらを、ご自身の中に留めているだけでは、武器として咲かせていくことができません。少し前にお話ししたように、使って初めて武器になっていきますから。

とは言え、いきなり使うことも難しいと思いますし、あなたの中では、まだ、まとまりがないかもしれません。

そんな皆さんに「まず、これをしていきましょう！」とオススメしていることがあります。

それは、「種をまく」ということ。

まずは、あなたの中にあるものを、まるでタンポポの綿毛を飛ばすように、世に送り出していきましょう。


「私は、こんなことを考えています」

「私にはこういう経験があり、こんな想いやしたいことがあります」

「その経験は、こんなふうに活用できるかも！」


何でもいいです。お金と一緒で、出すのが先。

あなたの中にある大切なものを世に出してみると、あなたの目の前に、少しずつ「道」ができていきます。それが、あなたが咲いていく道、そして、理想のステージに通じる道になります。

少し前に、「期限は公言すると、時が近づいてくる」という話をしましたが、それと同じです。想いや武器を外に出す（公言する）ことで、理想のステージが近づいてくるのです。

では、「どのようにして世に出していくか」ですが、まず、あなたの頭や心の中にある、想いや考えを、「見えるカタチ」にしていかないといけません。

たとえば、絵でも音楽でも言葉でもいいです。自分や人に見えるカタチにしていくのです。

そしてそれを、送り出していく。

送り出していく先は、いくつもあります。

**・ツイッター**
**・フェイスブック**
**・インスタグラム**
**・ブログ**
**・ユーチューブ**
**・Clubhouse（クラブハウス）**
**・ラジオアプリ**

## 自分の「武器」で種をまく

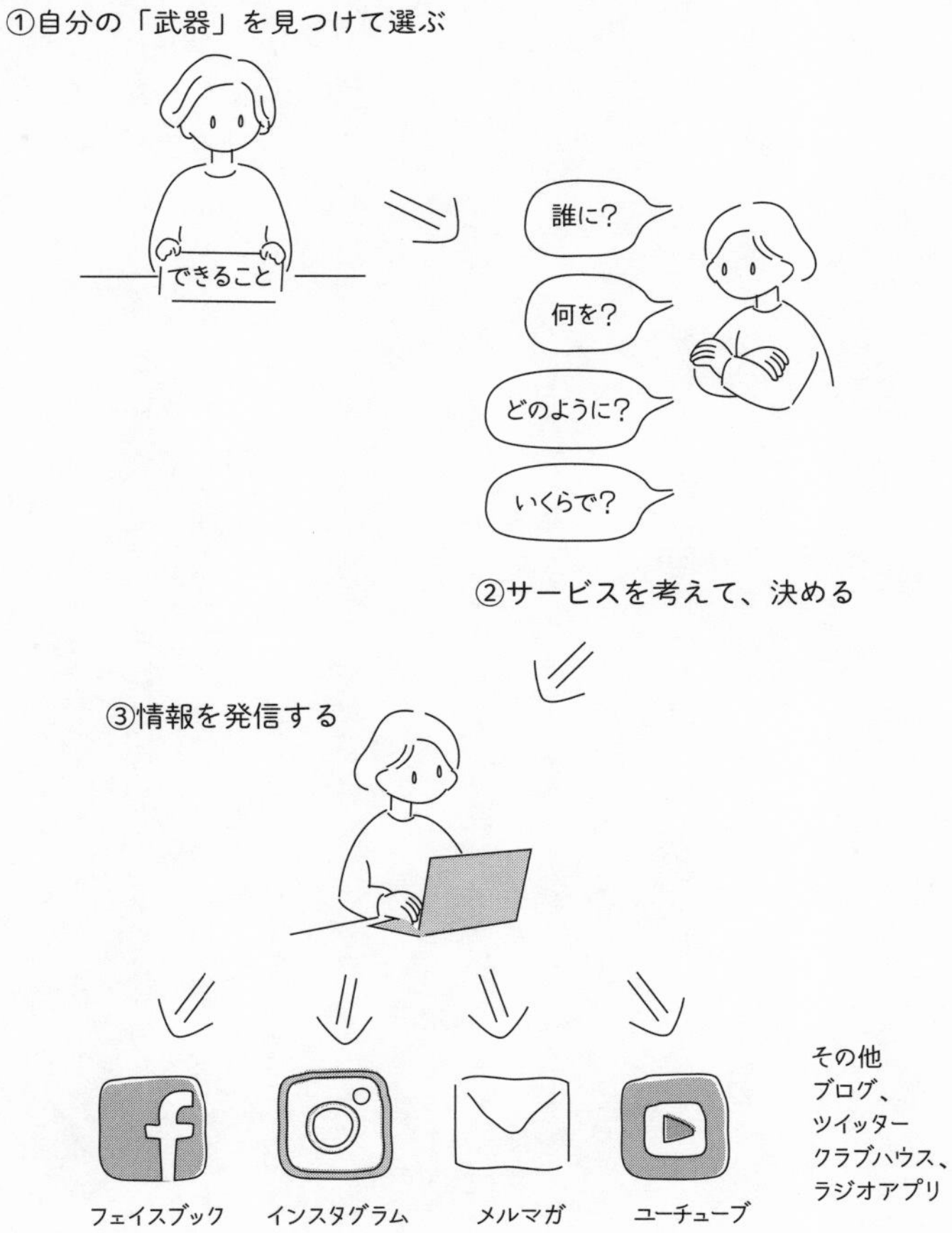
①自分の「武器」を見つけて選ぶ
できること
誰に？
何を？
どのように？
いくらで？
②サービスを考えて、決める
③情報を発信する
フェイスブック
インスタグラム
メルマガ
ユーチューブ
その他
ブログ、
ツイッター
クラブハウス、
ラジオアプリ

このあたりが王道のツールでしょうか。

音声を届けたい人は、「stand.fm」や「Radiotalk」などのラジオアプリが、スマホひとつで手軽に使えるツールとしてオススメです。また、「手先が器用なので物を作って販売したい」という人には、自分のショップを手軽に持つことができる「BASE（ベイス）」というサイトがよく使われています。

たくさんありすぎて「何を使えばいいでしょうか？」というご質問もよくいただくのですが、「ご自身のサービスや目的に応じて、ピンとくるものを選びましょう」とお伝えしています。

何でもいいのです。今は、無料で使える便利なものがたくさんあるので、ご自身がピンとくるものや興味が湧くもの、使い慣れているもので始めてみましょう。

## 「知られたくない」そんな場合の対処法

「知り合いに知られたくない」

「フェイスブックは、友達や会社の人たちとつながっているので、いきなり自分のことを発信し出したら変に思われると思う……」

そんなふうに、種まきに対する不安を口にされる方は多いです。

特に、フェイスブックは知り合いばかり、というケースは非常に多く、私もこれまで、たくさんのご相談をいただいてきました。

そんな方には、無理にフェイスブックを使うことをオススメしていません。

大切なことは、あなたが、心置きなく、自分の言葉や世界観を表現できること。

ですから、そんな場合は、インスタグラムなど、知り合いとあまりつながっていないツールをオススメしています。

そちらでも知り合いとつながっている場合は、もうひとつアカウントをつくればOK。みんなが知らないアカウントを取り直し、そこで心置きなく、清々しい気持ちで種まきを始めてみてはいかがでしょうか。

「でも、やっぱり知られるのが嫌」という方には、次のことをオススメしています。

・名前をビジネスネームに変える
・顔を出さないようにする

そうすると、完璧にバレません。特に、会社に内緒で、これからお仕事をしていくための種まきをしたい方には、オススメしている方法です。

皆さん、ビジネスネームを考えるときは、「昔からファンだった人の名字にしようかと思って♡」とか、「どうせなら、かっこいい名前をつけちゃいます！」と、とってもウキウキされる方が多いです（笑）。

そして、最も大切なことをお伝えしますね。

**あなたがやっていること、やろうとしていることを、たとえ知り合いに知られたとしても、そこには応援してくれる人もいる**ということです。

私も、長いことブログを書いていますし、フェイスブックも使っているので、元同僚や上司だけでなく、高校や中学時代の同級生たちともつながっています。

結局、ずっとつながっている人たちは、応援してくれる人たちなんです。もしくは、そっと見守ってくれている人たち。そうではない人たちは、自然とつながらなくなっていきます。

もちろん、「なにやってるの？」と批判的な目を向けてくる人もいるでしょう。けれど、そういう人たちは、あなたがこれから立とうとしている理想のステージには、いない人たちではありませんか？

ですから、そういうときこそ、「人間関係の手放し」です（笑）。「今までありがとう」と心の中で呟《つぶや》いて、そっと離れていきましょう。

## 「毎日続かない」でも、大丈夫！

種まきを始めても、「毎日続けることができない」と落ち込む方がいらっしゃいます。それ以前に、「どうせ毎日は無理だから」と最初から諦め、「だからやらない」という方もいらっしゃいます。

限りなく広がるチャンスがそこにあるのにもったいないなあ、と思ってしまいます。私も、起業をやり直すとき「毎日メルマガを書く」と決めました。けれど、それは、正直、ラクではありませんでした。

でも、ほんの少しでも「咲いた私」に出会いたくて、毎日続けていました。

そうは言っても、忙しい方は、毎日ブログを書くとか、毎日フェイスブックにアップするというのは、とても難しいことでしょう。そんな場合は、無理なさらないでいただきたいな、と思うのです。

やはり、人生の正午ともなると、徐々に無理が利かなくなります。

適度な休息は、仕事をする上での最重要課題です。私自身も心がけていることですが、クライアントさんたちにも、「休憩してね！」ということは、本当によく伝えています。機嫌よく続けるためにも、無理は禁物です。

そんな皆さんに私がオススメしているのは、「ペースを決めて種まきする」ということ。

というのも、想っていることや考えていることを「知ってもらう」こともとても大切なことですが、それ以前に、とっても大切なものがあるからです。

それは、信頼。

人が何かに信頼を寄せるとき、それそのものが「安定している」ということがとても大切なことなのです。逆に、「不安定なもの」は信頼できません。

たとえば、家を買うとき、グラグラと揺れる家は買わないですよね。

男性とお付き合いするとき、あるいは結婚するときも、その男性がコロコロと職業を変えるような人だと、困りますよね。

感情に起伏があり、気分がお天気みたいに変わるような人とは友達にはなれませんし、いつ開いているかわからないお店に行こうとは思いません。

私たちがとる行動も、同じです。「安定している」ことは、とっても大切なこと。毎日続けることが難しい、という方は、「ペース」を決めてみてください。週に2日とか、3日とか、1日でもいいです。「これなら無理なくできそう！」と思えるペースにしていきましょう。

その場合も、可能であれば、曜日や時間を決めると良いですね。

月・水・金の朝7時にブログをアップする、とか。

ブログには「予約配信機能」があるので、時間があるときに記事を書き、配信を予約しておけば、決まった曜日、決まった時間に、発信できるようになります。

そんなふうにして、ペースを持たせていくのです。すると、その種まきの場が安定し、見に来てくださる方から「信頼」を寄せていただけるようになります。

もちろん、一番の信頼は毎日続けることであるのは言うまでもありません。しかし、最初は無理せず長く続けられる方法を考えていきましょう。

## シンプル、スマート、軽やかに

### 「とりあえずやってみる」が鍵

色々な方法をお伝えすると、「すぐにできるようになる人」と、「なかなかできるようにならない人」がいらっしゃいます。

前者は、すぐにステージが変わっていきますが、後者は、なかなか変わっていかず、いつまでも「悶々」のステージのまま。

この両者の違いは、「とりあえず」ができるかどうか、です。

「とりあえずやってみる！」と思える人は、行動に移すのが早いです。そう思えない人は、なかなか行動に移せません。

自転車を一漕ぎすれば、さっきいたところよりも前に進みます。けれど、なかなか行動に移せない人は、自転車に跨《また》がったまま漕ぎ出そうとしていないのと同じ。もしかしたら、跨がることさえ躊躇《ちゅうちょ》しているかもしれません（笑）。

自転車も、初めて乗るときは、うまく乗れませんでしたよね。けれど、いつの間にか上手に乗れるようになっています。

それと同じように、何事もやってみなければ上手になることはありません。また、その方法が自分に合うかどうかもわからないのです。

しかし、やってみることで、景色はどんどん変わっていきます。見えるもの、感じるものが変化していくのです。

ステージって、そうやってシフトしていくものです。

私は、グループコンサルを受けていた当時、仲間たちから、「ゆう子ちゃんは行動が早い！」と言われていました。アドバイスされたことは、「とりあえずやってみよう！」と決めていたのです。

「どうせ、今の私の頭で考えてもわからないから」と思っていたからなのですが(笑)、同時に、こうも思っていました。

「できると思われているから、言われるんだろうな」と。

「越えられないハードルは、目の前に現れない」と言いますが、実際そうなのです。人から「やってみたら?」と言われることもそうですが、自分の頭や心に浮かぶことも同じです。浮かんだということは、「やればできる」ということだと思うので、とりあえずやってみることにしています。

「為《な》せば成《な》る」という有名な言葉がありますが、この言葉のあとには「為さねば成らぬ何事も」と続きます。

「考えてばかりで、成果を上げようとする行動を起こさなければ、決して成果を得ることはない」、つまり「やってみないことには始まらない」ということなのですが、この名言を座右の銘にしている企業経営者は多いのだそう。

何かを成している人たちは、とりあえず何かをしているものです。

## 動きながら考える

とりあえず動いていくと、もちろん、「できない壁」や「うまくいかないこと」にぶち当たります。失敗することもあります。

私も、誰にも読まれずに消えていったブログやメルマガは数えきれないほどありますし、募集したものの、ひとりとしてお申し込みが入らず、会場のキャンセル料を支払っただけの講座もたくさんあります。

でも、そんなうまくいかない経験をすると、その都度、やり方を変えることができるのです。

私は、考えるより先に行動するタイプなので、失敗の数も人より多いと自負しています。失敗の数が多いことを自慢するのもヘンかもしれませんが（笑）、失敗の数が多いと、いいことがあります。

それは、「経験値が増える」ということ。

経験値は、そのまま「武器」になります。

言い換えると、「武器が少ない人は経験値が少ない」ということなのです。

失敗を恐れるあまり、あれこれシミュレーションしすぎて、ますます動けなくなるという人がいますが、そのシミュレーションは、「今の経験値の自分」がしているもの。だから、とっても狭いスケールでのシミュレーションなのです。

その狭いスケールで、いくら綿密なシミュレーションをしたからといって、答えなど出てくるはずありません。

本当の答えは、自ら動いて経験を積む中で見つかっていくものです。

「自分の咲かせ方」は、自分にしかわかりません。

だからこそ、「自分で動くしかない」のです。

その動きは、軽いもので大丈夫。重い一歩は、動きも重くなってしまいますから(笑)。

# 行動できなくなったとき、どうすればいい？

## うまくいかない経験は、誰かを救う種になる

その昔、私は「ブログを書けばお客さんが来る」と思っていたことがありました。「記事をひとつ書けば、すぐにお申し込みが入るだろう」と。

もちろんそんなことはなく（笑）、いくつ記事をアップしても、お客さまはひとりも来ませんでした。今にして思うと、恥ずかしい話です。

うまくいかなかった経験は、ほかにもあります。

ちっとも売れるようにならない私は、「静岡みたいな田舎にいるから悪いんだ」「東

京へ進出したらどうだろう」と思い始めました。

その頃、地方から都会へ進出することがちょっとしたブーム。売れるようになった人の次に進むステージのように見えましたし、それを見据えて活動している人が、やたら目についたのです。

それを見て「私も」と思ってしまったのですよね（苦笑）。


そんなとき、友人から「一緒にビジネスをしない？」と誘われたことを機に、なけなしの貯金をはたき、借金もしながら東京進出をしました。

友人は「借金ができない」と言うので、私が借りたお金の一部を友人に貸し、二人で事業を始めたのです。

結構頑張ったのですが、全然うまくいきませんでした。

おまけにその友人は、私にお金を返さぬまま、いつの間にか事業からフェイドアウト。最終的にお金は返してくれましたが、当然のことながら、彼女との友人関係は手放しましたし、向こうも同じ気持ちでしょう。

結果的に、私に残ったのは借金だけでした。

でも、それらもいい経験と思っています。なぜなら、全部「ネタ」になるから。

こうした話を、うまくいかず、行動が重くなってしまっているクライアントさんに話すと、「ゆう子さんにもそんなときがあったんですね。勇気が出ます」とおっしゃってくださいます。

過去に犯した失敗や、うまくいかなかった経験が、少しでも誰かを救うものになるのなら、痛い思いをした甲斐があるというものです。

だから、クライアントさんたちにも、お伝えしているのです。

「うまくいかないその経験は、いつかネタになる。いつか誰かの勇気と希望の種になるよ」と。

私自身も、色々な人の「うまくいかなかったお話」や、「失敗談」に支えられてきました。

本の出版を目指すときも、『可愛いままで年収1000万円』（WAVE出版）の著者・宮本佳実さんの、一冊目の出版が決まるまでのお話には、とても勇気をいただきました。

最近は、「ブログを書いていたら出版のオファーが来た」という話も聞きますが、私のブログは、出版社の目に留まるほどのアクセス数はありませんから、そういうお話はまったく参考にならないのです（笑）。

そんな中、宮本佳実さんは、自ら出版社にアプローチし、何度も撃沈しながら出版の夢を叶え、ベストセラー作家になられた方。

ですから、そうなるまでのお話は、出版を目指していた私の大きな支えになりました。私の出版も、いつかそんなふうに、誰かの支えになればいいな、と思います。

**今はうまくいっているあの人にも、必ず「最初」があるのです。**

私は、いつも、そこを見るようにしています。

今の自分とその人との間には、とても大きな開きがあるように感じますが、その人の「最初」に目を留めると、今の自分と同じようにうまくいかなかった時期もあれば、泥臭く頑張っていた時期もあるのです。

誰かのそんな時期の話を自分の勇気と希望に変えられる人は、今経験している、その「うまくいかないこと」を、ネタにも種にもしていけるときが必ず来ます。

うまくいかなくて、動きや気持ちが重くなってしまったときは、ぜひこのことを思い出して欲しいな、と思います。

そして、全部をネタにして、また軽く一歩を踏み出し、たくさんの種をまいていきましょう。

## 人が喜ぶことを素直にやってみる

自分の武器を仕事にしていくときも、種をまく（発信する）ときも、「これ」を忘れずにいることで、ステージが軽やかにシフトしていきやすくなります。

「これ」とは、「人が喜ぶこと」。

「ブログに書くことが、何も思い浮かびません」というご相談をよくいただくのですが、そんなときに私がオススメするのは「人のご紹介」です。

「Aさんという人からこんな話を聞いたのだけど、すごく良かった！」とか、「Bさんが主催している講座に参加したら、こんなことができるようになった！」とか。
そんなふうに人のご紹介をすると、紹介された人は単純に喜びます。そして、「こんなふうにご紹介いただきました！」と、逆紹介をしていただくことも、よくあること。

自分よりも影響力のある人に逆紹介をしていただいたことで、自分のことをたくさんの人に知ってもらったという経験は、少なからず私にもあります。

だからと言って、それを目当てに紹介するのは、ちょっと違いますが（笑）、純粋に、「いいな」「素敵だな」とかねてから思っている人のことや、自分にとって良い影響を及ぼしてくれた人は、素直にご紹介してみましょう。

私も時々、ご紹介いただくことがありますが、やっぱりとても嬉しいものです。
自分のことを人がどう思っているかを知る機会など滅多にあるものではないからこそ、とてもありがたく思っています。

それに、喜ぶのは、紹介した相手だけではありません。「いい人を教えてくれてありがとうございます！」とか、「そんな素敵な人がいたとは知りませんでした！」と、全然違う人が喜んでくださるケースも、とっても多いのです。

ご紹介するのは、人だけではありません。
あなたが使ってみてよかったモノや、読んで面白かった本などもそう。
自分が「いいな！」と思ったことは、どんどんシェアをしてみてください。そうすることで、とってもよい循環を起こすことができるようになります。

「人が喜ぶこと」は、ほかにもあります。

- **大きな声で、笑顔で挨拶をする**
- **相手の話に、ただ黙って耳を傾ける**
- **家族の食事の支度を、いつもより丁寧にしてみる**
- **コンビニでお釣りをもらったときに寄付をする**

### ・宅配便のお兄さんに、「いつもありがとう！」を伝える

そんなふうに、自分のエネルギーを少し出すだけで、人が喜ぶものへと転換することができます。

難しく考える必要はありません。「自分がされたら、きっと嬉しいだろうな……、気持ちがいいだろうな……」と思うことを、素直に人にして差し上げるだけ。

それだけで、ステージは驚くほど軽やかにシフトしていきます！

さあ、あなたがすぐにでもできる「人を喜ばせること」は何ですか？

ワークタイム 10

## 人の喜びをカタチにするワーク

「こうしたら、あの人が喜ぶだろうな」と思うことを、10 個書き出してみましょう！

思い浮かばない人は、「自分がされて嬉しいこと」を書き出してみてください。

# 本当の心地よさを求めよう！

## 偽の心地よさに騙されないようにしよう

コーチングを学んでいた頃、「偽の心地よさ」というものを知りました。

専門用語で「コンフォートゾーン」と言いますが、私は日本語のほうがイメージしやすいので、「心地よい場所」と言っています。

その心地よい場所は、これまでと変わらぬ生活を送ることのできる、慣れ親しんだ場所。むしろ慣れ切ってしまい「つまらない」と感じることもあるけれど、冒険さえしなければ、ずっとそこに心地よくいることができる、と錯覚する場所です。

以前の私の場合、それは「公務員でいること」でした。

すでに10年以上働いてきた場所で、職場の雰囲気も、人間関係も、仕事そのものも、通勤経路もわかっています。

朝、家を出る時間も、帰宅時間も、収入もわかっているので、「こんな感じで暮らせる」と不安など何もありません。

でも、そこから一歩出ようとすると、途端に不安に襲われます。そして、「やっぱり今のままがいいかも……」と思うのです。

私にとって、その一歩とは、「公務員を辞めてチャレンジする」ということでした。

でも、不安で、怖くて、できなかった。

そんなとき、「心地よい場所」の存在を知り、思ったのです。「ここは、偽の心地よさだ」と。

本当は、そこから出て、もっともっといろんな経験をしたいのに、そうした方が自分が成長できることはわかっているのに、偽の心地よさに騙され、「不安」を発動させていたのです。

そして、その場所に留まるために、「親が心配するから」とか「みんなに反対されるから」と、もっともらしい理由を思い浮かべ、「だから、ここにいるのが一番いいんだよ」と、自分で自分を納得させていました。

そんなことは、ありませんか？

人によっては、会社だけでなく、結婚生活や独身生活もそうかもしれません。

でも、今の場所にちょっとでも違和感を感じたのなら、一度疑ってみてください。「もしかしたら、ここは、偽の心地よい場所かもしれない」と。

そして、未知の世界に飛び出すときに「不安はつきもの」ということもお忘れなく。その不安にからめ捕られて、過去の私のように、もっともらしい「飛び出さない理由」や「やらない理由」を証拠集めのように積み上げる人も、とっても多いですから。

人生の午後は、本当の心地よさを手に入れていきましょう。

次の章では、「本当の心地よさのつくり方」について触れていきます。

第5章

# 心地よい暮らしで人生は咲いていく

## 暮らし方で変えるステージシフト

## 身近な人からの応援が、あなたのステージを変える

### どの女性も、努力と協力があれば輝ける

私は常々、「家族に応援される働き方」をご提案しています。

たとえ、どんなにやりたいことや、やってみたいことがあったとしても、「自分のベース（居場所）」が居づらいものだとしたら、うまくいくものもいかなくなるし、うまくいったとしても、全然幸せじゃないよね、と思うからです。

私自身、独身の頃は、自力で生きていく街道まっしぐら。髪振り乱して頑張っていました。当然それでも、誰からも何も文句を言われることはありません。

けれど、もしも家庭を持った今それをしていたら、家族はいい迷惑でしょうし、結婚していなくても、それはあまり美しいものではないはずです。

縁あって一緒になった夫には、私の仕事を心から応援してもらいたいと思っています。これは、家族のためでもあるけれど、ほかならぬ自分のためでもあります。

気持ちよく仕事できたほうがいいに決まっていますよね。

そうやって心から安心できる状態で、心置きなく好きなように働き、自分にできることで人のお役に立っていきたい、と思うのです。

同時に、そのための努力も惜しみなく重ねていく必要があります。

## 「どの女性も、努力と協力があれば輝ける」

これはある本に書いてあった一行です。

「協力」というのは、様々な関係各所からの協力でもあるけれど、最も必要なのは、「一番身近なところからの協力だ」と思うのです。

だって、そこが自分のベースになるからです。

特に女性は、役割が多く、正直、仕事ばかりしていられないほど、「やるべきこと」も多いもの。だからこそ、家事を自分ごととしてやってくれるというような、家族からの現実的な協力も、不可欠な時代です。

その応援と、惜しみない協力は、女性にとって、百万馬力に相当するものだと思うのです。

もしあなたに、そんな環境があったらどうでしょうか？

本当に安心して、心置きなく、自分の能力を羽ばたかせていけると思いませんか？

「自分のベース」となるところが、百万馬力のエネルギーで満たされている、ということですからね。

そうなっていたら、「もう、なんだってできる！」と思いませんか？

そして、「いくつになっても、ものすごく輝いていける！」と思うのです。

「何もかもをひとりで背負って頑張る」、そういう努力は、もう終わり。

時代は変わり、努力の方向性も変わったのです。

もし、**私たちが努力するのなら、「周りからの惜しみない協力を得る」ための努力。**

自分のベースを百万馬力で満たし、居心地よい環境を手に入れて、どんどん自分を咲かせていきましょう！

## 周りからの協力を得られるオススメの方法

私がよくクライアントさんたちにオススメしている方法を、お伝えします。

それは、**「あなたのおかげ」と言葉にして、感謝の気持ちを伝えること。**

パートナーはもちろんのこと、親、子ども、上司、同僚、仲間、友達……どんな人に対しても、すぐにできることなので、簡単です。

私の場合ですと、順調に仕事をしていられるのは、仕事をサポートしてくださる秘書やスタッフの皆さんのおかげです。だから、「○○さんのおかげで、気持ちよく講座ができたよ！　ありがとう！」「○○さんがいてくれるだけで、ほっとする。いつもありがとう！」と、よく伝えています。

メルマガにも、「読んでくださっている皆さんのおかげで……」とか、「皆さんが文えてくださるおかげで……」と、よく書かせていただいていますが、そうすると、皆さんが、本当に惜しみない応援をくださるのです。

そして、私にとって、一番身近である夫にも、「カズさん（夫の呼び名）のおかげだよ」ということは伝えるようにしています。

たとえば、この本の出版が決まったのも、「カズさんのおかげ」。

いいお客さまばかりが来てくださるのも、「カズさんのおかげ」。

お客さまと夫とは、一見、関係がないように思えるかもしれませんし、いいお客さまが来てくださるのは、ゆう子さんが頑張っているからじゃないの？　と思う方もいらっしゃるかもしれません。

確かに、私が、いいお客さまに恵まれるのは、私自身が、とっても気持ちよく仕事ができているからなのですが、気持ちよく仕事ができたり、心置きなく仕事に邁進《まいしん》できるのは、私のことを理解しようとしてくれ、日々の暮らしを共に歩んでくれる夫がいるからこそ、なのです。

私のクライアントさんたちのご主人も、本当に惜しみない協力と応援をくださる方ばかり。それは、彼女たちも、「あなたのおかげ」を伝えているからなんです。

そんなふうに、一番身近な人からの協力を得られるようになったことで、仕事に集中できるようになる方は多いです。その結果、新たな仕事の展開が生まれたり、お客さまからの口コミが広がったり、収入の額が変わるということも、よくあります。

大きくジャンプできるのは、足元を固めるからこそですからね。

だからこそ、

「あなたのおかげ」を伝える。

もしかしたら最初は、訝《いぶか》しげに思われたり、あなたが期待しているような反応は得られないかもしれません。

でも、少しずつ、確実に、相手の心の中に蓄積されていきます。

そして、あなた自身が、「あなたのおかげ」とさりげなく伝えられるようになる頃には、いつの間にか、惜しみない応援と協力を得られるようになっています。

ですから、思っているだけでなく、ぜひ、ことあるごとに伝えてみてくださいね！

# 心地よい暮らしが心地よいステージをつくる

## 心地よさを一度疑ってみる

理想のステージというのは、今はまだ「未来」のことです。

その「未来」は、「日常」の積み重ねでできていくものなので、日常、つまり「暮らし」を心地よいものにしないと、心地よいステージにはなっていきません。

とは言え、「自分にとって何が心地よいのか？」を知らないと、暮らしを心地よくすることなどできませんよね。

私は以前、心地よい暮らしを勘違いしていたことがあるので、そのお話をしたいと思います。

非常によくある思い込みのひとつに、「心地よい暮らし＝綺麗に片づいた家」というものがあります。

必要最小限の物だけがちょこんとあるような、スッキリ片づいたおうちであればあるほど、「心地よい」「快適」と思われがち。

昔の私もそんなふうに思っていて、２人掛けのソファと小さなテーブルだけがある、がらんどうの部屋で暮らしていたことがあります。そして、その状態を維持しようと、片づけを頑張っていました。

もう、頑張る時点で心地よいものではないのですが、片づけや断捨離ブームにすっかり乗っかり、「これが心地よい暮らしなんだ」と疑いもしませんでした。「思い込み」ってそういうもの（笑）。

でも、私が心地いいと感じる部屋は実は違っていた、ということがあとからわかったのです。

本当は、程よい量の温かみのある家具に、家族の人数より少し多い数のクッションや、大小のグリーン、観賞用のディスプレイが置かれているようなファブリックな部屋に心地よさを感じます。

人によっては、スッキリ片づいた部屋より、多少散らかっているくらいの部屋の方が落ち着くという人もいます。でも、片づけないとよくない！　と思い込んでしまっている人も多いな、と思います。

心地よさに、「いい・悪い」はありません。正解も不正解もないのです。

ですから、今抱いている自分の心地よさを、一度疑ってみてください。

「本当はどうなの？」と。

自分の心地よさを知るためには、「物」と向き合ってみることもオススメです。

本当は気に入っていない引き出物でいただいた食器とか、持っていませんか？（笑）

ずっと昔からあるからというだけで、何となく使っている物など、ありませんか？

物をひとつひとつ見ていくと、特に気に入っているわけではないのに、何となく持っている物や使っている物が、案外あることに気づくでしょう。

そういう物を、少しずつ、「お気に入りの物」に変えていくのです。

そうすると、自然と、あなた好みの心地よい暮らしになっていきます。

## 住まいも仕事も変えていい

さらに、住環境はどうでしょうか?

住まいを変えることは、人によっては大ごとですが、「家が〝そこ〟にあることで、〝その場所〟にずっと縛られる」のは、時代遅れな考えかもしれません。

「理想のステージにいるあなたが、どんな場所で暮らしているか?」と考えたとき、今とは違う環境なのだとしたら、いずれ、今いる場所を去る日が来るかもしれない、ということ。

ですから、心地よさを感じる環境にも、想いを馳せてみましょう。

実際に、暮らす環境を変えたことで、仕事のステージも心のステージも、どんどんシフトしていかれたクライアントさんの事例をご紹介したいと思います。

彼女には、都内に勤務する夫と、小学生の2人のお子さんがいらっしゃいますが、持ち家だったマンションを売却し、都内から鎌倉へと住まいを移されました。都内で暮らしていたときは、便利さや効率性を追求し、家事も外注しながら、ご自身の時間を捻出しておられました。

ところが、鎌倉に引っ越してから、自然や神社仏閣、そして目には見えないけれど、歴史や文化を感じる日々を過ごすにつれ、それまで以上に心が落ち着き、丁寧に食事をつくるようになったり、家族との時間をとても大切にするように……。

ハタから見ていても、わかりやすいほどの変化でした(笑)。

すると、お仕事も頑張らなくてもスルスルとうまくいくようになり、収入も倍増、仕事の方向性も変わりました。

「人前に立って何かをするより、誰かの仕事を裏で支えるマネージャーみたいな立ち位置が落ち着く」と、ご自身の得意や、やりたいことが、より一層わかるようになったのだそうです。

それで、私のような起業家を裏でサポートするアシスタント業へとシフトし、今やお断りしなければいけないほど、ご依頼が絶えない状況になっています。

もちろん、家族と一緒に暮らしていると、自分の心地よさだけを求めるわけにはいかない場面もあるでしょう。

私も、夫と暮らしていますから、好みがわかれることもあります。そんなときは、2人にとっての心地よさを探しています。

そんなふうに「心地よさを、一緒に探す時間を持つ」ということもまた、心地よい暮らしをつくる秘訣だなあ、と思っています。

しかし、とにもかくにも、まずは、あなた自身の心地よさ。それが何なのかを知っていないと、家族全員にとっての心地よさなど探せません。

ですから、まず、「あなたにとっての心地よさは、どういうものなのか?」を考えてみましょう!

オススメは、インテリア雑誌やインスタなどから、「あ、こういうの、いいな♡」と思うような写真を集めたり、隙間時間に日々眺めたりすること。

すると、自分にとっての心地よい暮らしが、次第にわかってくるようになります。

# 「在り方」が自分を決める

## 困ったとき、悩んだときに戻る場所をつくる

困ることや悩むことは、これから先もなくなることはありません。

そう思ったとき、私が「こういう自分にはなりたくない」と思うのは、「困りごとや悩みごとの渦中の人になる」ということ。

つまり、悩みに翻弄《ほんろう》され、被害者意識に陥って、自己肯定感が低くなる。

そんな「悲劇のヒロイン」にはなりたくないな、と思うのです。


そうならないために、戻る場所があります。

それは、「理想のステージにいる自分」。

自分であることに違いはないけれど、今の自分よりもぐん！と成長した自分。今のあなたが「こうなりたいな」と思っていることを、すべて叶えている自分です。

第1章でイメージしたその自分にもう一度戻り、その自分で今の自分が抱えている困りごとや悩みごとを見るのです。

「その私なら、これをどう捉えるだろう？」「その私なら、どうするだろう？」と。

「起こることに無駄なことはない」と言いますが、私自身も過去を振り返ってみると、無駄なことはひとつもなかったな、と思うのです。

皆さんは、どうですか？

未来の自分の視点を先取りし、今起こっていることを眺めてみるのです。

理想のステージにいる自分にとっては、今の自分の目の前で起こっていることは、すべて過去のこと。

「この経験を乗り越えたからこそ、そのステージに立つことができたんだな」と思うと、いま目の前で起こっていることにも、何らかの意味を見出していけます。

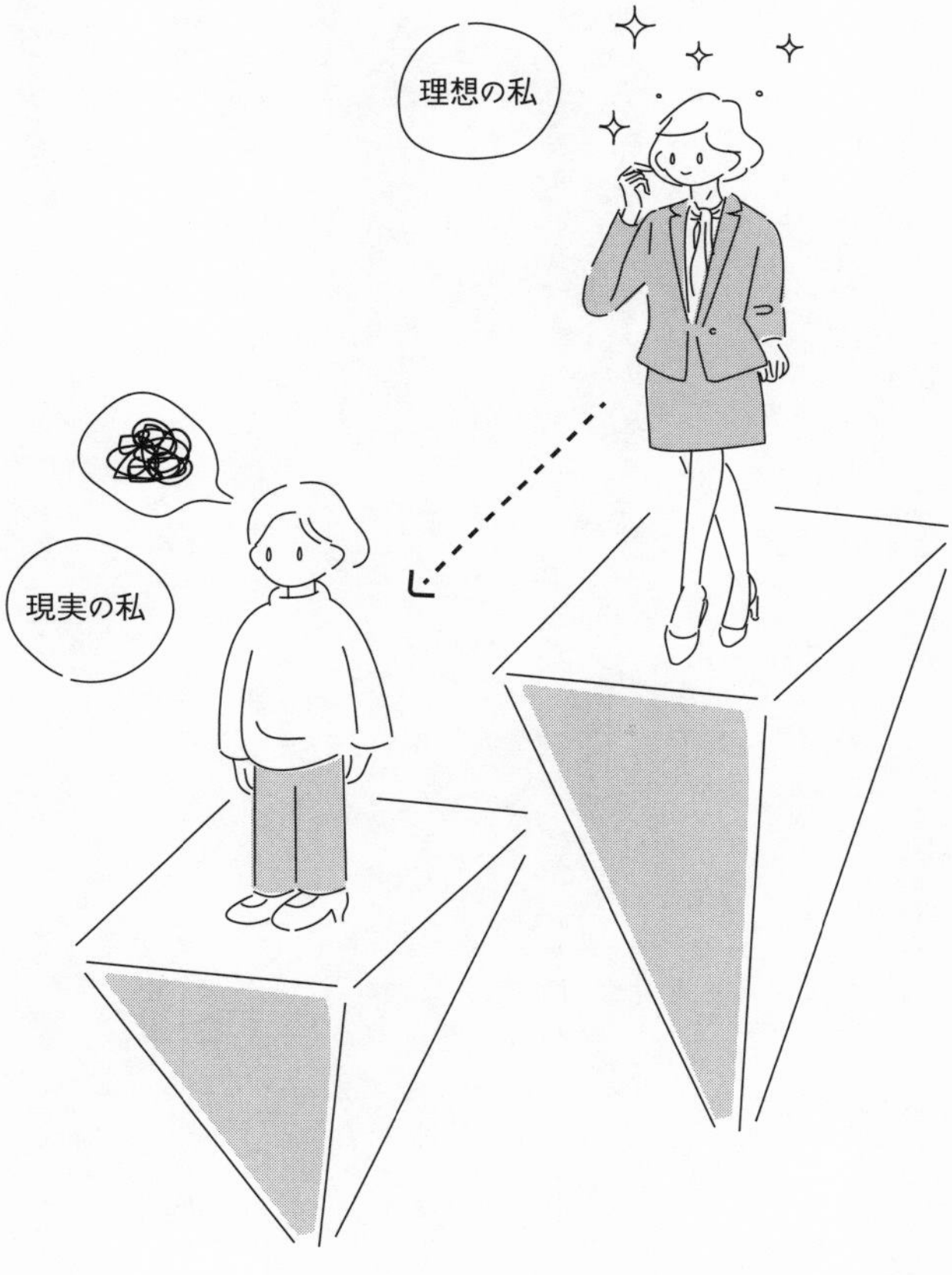


「理想のステージにいる自分」をイメージして、
「その私なら、どうするだろう？」と考えてみよう。

## 自分への信頼

周りからの惜しみない協力が得られるようになったり、心地よい暮らしができるようになると、仕事に集中できる環境や、新たな出会いや収入以外にも手に入るものがあります。

それは、「自分への信頼」です。

「自信がないんです」とおっしゃる方は、自分を信頼し切れていません。

何か素晴らしいことができるようになったら、あるいは、何かすごいことを成し遂げることができたら、「そのときこそ自信が持てるようになる」と思っておられる方がとても多いのですが、それは違います。

仮に、何か大きなことを成し遂げたとしたら、そのときは自信になるでしょう。しかし、それは次第に「過去のこと」になっていきます。すると、また自信がなくなってくるのです。

心の底からの自信というのは、「何かひとつできたから」という瞬間的なことで得られるのではなく、「継続的」に蓄積されていくものなのです。

たとえば、玄関の掃除を毎日しているとか、毎朝早起きをしているとかどんな小さなことでもいいです。

たったひとつのことでもいいので、「毎日続けている何か」があると、それが自信として蓄積され、やがて、揺るぎない自分への信頼になっていきます。

第1章でも述べましたが、私が起業を仕切り直し始めたとき「メルマガを毎日書く！」と決めました。

とにかく毎日、パソコンの前に座り、ときにウンウンと唸りながら文章を紡ぎました。満足のいく文章が書けず、時間切れで「今日は送ることができなかった」という日もありましたが、毎日、読者に届けようと、とにかく文章を書き続けたのです。

それを3年ほど続けてみたら、文章を褒めていただくことが多くなり、「教えて欲しい」と言われるようにもなり、「ライティング講座」を開催したこともあります。

今でも、起業についてお話する際には、「女性の心をぐっ！と惹きつける文章術」なるものをお伝えしています。

そして、こうして本を出せることにもなりました。


あのとき決めたことが、今の私をつくってくれました。

文章を書くことは、元々好きだったので、続けてこられたというのもあります。

ですから、どんな些細なことでもいいので、「割と好きかも」とか「やってみたい」と思えることを、ひとつ、続けてみてください。

もしかしたら、すでに毎日続けていることがあるのに、当たり前すぎて気づいていない方もいらっしゃるかもしれませんね。そんな方は、ぜひ、ご自身の毎日の中で「何があるのか」に目を留めてみてくださいね。

それがご自身への揺るぎない信頼となり、軸がどっしりと安定し、今以上に大きな力を出せるようになっていきます。

# 過去の自分が応援してくれる

昔、こんな言葉を聞いたことがあります。

「ステージが変わろうとするとき、過去の自分が応援してくれる」

それを聞いたときには、正直ピンときませんでした。

でも、今はそれが身に染みてよくわかります。

何がしたいのかもわからず、何者にもなれていなかった私は、「こんなはずじゃない」と思い、公務員を辞めて起業というチャレンジをしました。

しかし、自分自身の甘さもあり、うまくいかない日々が続き、苦しかったこともあります。

けれども、もがきながらも、一歩、また一歩と、小さな一歩を踏み出し続けた私が、今に続く道をつくってくれたんだなあ、と思うのです。

「こうなりたい」と話すと、「何バカなこと言って」と鼻で笑われたこともありました。

「こんなことをやりたい」と話すと、「そんなの無理無理！」と、生きていくことがいかに厳しく難しいことなのかを説かれたこともありました。

それでも、めげなかった私に、「私」を諦めなかった私に感謝しています。

あなたにとっても、そう。

あなたを本気で応援してくれるのは、他の誰でもなく、過去のあなたです。

そして、今日のあなたも、明日には「過去のあなた」になります。

明日、過去になっている「今日のあなた」は、何をしますか？

もう自分に嘘はつきたくない――
そんなあなたが一歩踏み出すヒントに
この本がなりますように。

# おわりに

ここまでお読みくださり、ありがとうございました。

私は、たくさんの本から、たくさんの勇気と希望をいただいてきました。

ですから、この本が、「私を諦めたくない」と思いながらも、自分の力を小さく感じてしまっている誰かの勇気と希望になれば、と思って書きました。

この本が、読んでくれたあなたにとって、もし少しでも勇気や希望が湧くものになったのならば、この本は役目を果たせたのではないか、と思っています。

私にとって「本を書く」ということは、夢見るほど特別なステージにあるものでした。そのステージにのぼらせてくださった青春出版社の皆さまには、心から感謝しております。

また、新人著者のつたない原稿を何度も読んでくださった編集者の鹿野さん、著者としての在り方を教えてくださった大石聡子さんに、この場をお借りして感謝申し上げます。

そして、今回の初出版に際し力を貸してくれた、あきちゃん、くらかさん、綾子さん、早苗さん、優子ちゃん、いつも本当にありがとう！

クライアントの皆さんや、多くの仲間たちにも、心から感謝申し上げます。

そして、夫・カズさんと、愛犬てんちゃん、今は亡きはなちゃん。あなたたちの存在が、私の毎日を幸せなものにしてくれ、この本が生まれました。ありがとう。

そして何より、この本を手にとってくださったあなたに、心から感謝いたします。

「私を諦めなかった」あなたと、いつかお話しできる日を楽しみにしています。

唯一無二のあなたの人生が、最高のステージへとシフトしていきますように。

そして、さらに輝いたものになりますように。

２０２１年６月　　中山ゆう子

## 読者プレゼント

# ～「私」を諦めたくないあなたへ～

「もっと自分らしい人生を送りたい」と願うあなたを応援したいから、次のプレゼントをご用意しました。（すべて無料ですので、安心してお申し込みください）

### 1. 無料メルマガ

「私」を咲かせていくための考え方や在り方、起業のことなどを、あなたのもとへお送りします。中山ゆう子が主宰する講座やセミナーなどの情報も、一番先にメルマガからご案内しています。（発行は不定期です）

### 2. 未公開原稿『お金も一緒にステージシフト!』のプレゼント

紙面の都合でご紹介できなかった、「お金」について書き下ろしたページ（約 20 ページ）を無料でプレゼントします。お申し込み直後からひとつめが届き、以降8日間に渡り、次の内容をお送りします。

1日目）『お金に振り回されないために大切なこと』
2日目）『出すから入るの法則』
3日目）『お金にとって大切なことは「どう稼ぐか?」より「どう使うか?」』
4日目）『お金は、責任の重さと出したエネルギーの分だけ返ってくる』
5日目）『お金との付き合い方を見直す』
6日目）『「お金さん」と共に歩く』
7日目）『お金さんは変わってくれる』
8日目）『お金に強い味方になってもらうために』

お申し込みは今すぐこちらからどうぞ

**https://www.stageshift.net/book-present**

何もしなければ、何も変わりません。メルマガやプレゼントを申し込む・・・
そんな小さな行動の積み重ねで、未来のステージはシフトしていきますよ！

誰もが、大輪の花を咲かせていけますように！
そんな願いを込めて。

中山ゆう子

※本特典は、予告なく終了になる場合がございます。予めご了承ください。
※本特典に関する問い合わせは info@stageshift.jp へご連絡ください。

**著者紹介**

**中山ゆう子**　起業コンサルタント。

1972年生まれ、静岡県出身。短期大学卒業後、地元の市役所へ就職。30歳からコーチングを学び、37歳で市役所を辞職し起業。鳴かず飛ばずの時期を４年過ごす。42歳でスピード婚をしたことで婚活コンサルタントとなる。その後、女性起業家を支援する起業コンサルタントへ転身。

延べ3000人以上の女性にコンサルティングを行う。

本書は「まだ自分の人生を諦めたくない」「もっとすごい自分になりたい」と願う人に向け、生き方変革の指南書になるように心を込めて書きました。

わたしは「私《わたし》」を諦《あきら》めないことにした

---

2021年7月15日　第１刷
2023年8月10日　第３刷

著　　者　中《なか》山《やま》ゆう子《こ》
発 行 者　小澤源太郎

---

責任編集　株式会社プライム涌光
電話　編集部　03(3203)2850

---

発 行 所　株式会社青春出版社
東京都新宿区若松町12番１号 〒162-0056
振替番号　00190-7-98602
電話　営業部　03(3207)1916

印刷　三松堂　　製本　フォーネット社

---

万一、落丁、乱丁がありました節は、お取りかえします。

ISBN978-4-413-23212-8 C0030

アパ社長カレーの野望
自分で風を起こし　その風に乗れ
元谷　拓

自分の中の「親」を浄化する本
親子呪縛を今こそ、解き放つ――
原田真裕美

思考実験が教える
あなたの脳の鍛え方
「強み」と「弱み」を知ると思考の幅が広がる
北村良子

大学受験
試験にでる小論文
「10大テーマ」の受かる書き方　最新版
樋口裕一　山口雅敏

部下を育てるテレワーク
新しい上司の教科書
片桐あい

## 青春出版社の四六判シリーズ

「独学」で人生を変えた
僕がいまの君に伝えたいこと
千田琢哉

元捜査一課刑事が明かす手口
スマホで子どもが騙される
佐々木成三

保健室から見える
親が知らない子どもたち
大人が気づかない、意外なこころの落とし穴
桑原朱美

心療内科医が教える
疲れた心の休ませ方
「3つの自律神経」を整えてストレスフリーに！
竹林直紀

あなたの意のまま願いが叶う☆
クォンタム・フィールド
神秘とリアルをつなぐ量子場の秘密
佳川奈未